編著｜
今井新悟
尹藤秀明

著｜
加納千恵子
名須川典子
大野裕
鴫田和子
西口光一
八田直美

日本語の教科書がめざすもの

にほんごの凡人社

まえがき

　本書は2017年9月10日に筑波大学で行われたシンポジウム「日本語教科書が目指すもの」での発表・ディスカッションおよびその前後の2年に及ぶ著者と企画者との交流・対話の記録です。当時（そして現在も）、私は、教科書づくりに関心を持っていましたので、教科書づくりの経験を持つ人から、その経験に基づく知見を聞きたいというのがシンポジウムを企画した動機でした。教科書を作る人は、きっと既存の教科書に満足できずに、自ら教科書づくりという大変な作業に取り組まざるを得なかったのではないかと考えました。出版社主催の、教科書の著者によるセミナーなどでは、その教科書の特徴や長所についての話は聞けるのですが、そもそも、その著者たちを突き動かした、既成の教科書への不満、そしてその後の格闘について聞く機会はありません。そこで、新旧の教科書の著者に集まってもらって、腹を割って赤裸々な話をしてもらおうと企画をしました。そこには当然、利害関係の絡む人たちも出席することが予想されましたし、その後の販売への影響も心配でした。さらには自分の教科書の欠点は何か、というような質問まで用意されていました。ずいぶんと乱暴な企画にもかかわらず、引き受けてくださった著者の方々の懐の深さに感嘆するとともに、深く感謝申し上げます。健全な批判を避け、自画自賛するだけでは、日本語教科書の将来はありません。日本語教科書に限らず、すべてのプロダクトは完成した瞬間から陳腐化が始まります。つまり、教科書は出版された瞬間から、古くなり、批判の対象となり、次の教科書づくりが始まります。その繰り返しによってのみ、教科書の進歩があります。

　さて、この企画をしているとき、教科書づくりに関心を持っていたと書きましたが、実は、シンポジウムに先立つ数年間に教科書づくりを2回試み、いずれも挫折しました。1回目は、まずeラーニング教材を作り、その中で使ったイラスト、写真等を紙の教科書でもふんだんに使い、文字を極力抑えたものでした。試作版を作り、試用と修正を繰り返しましたが、公開には至りませんでした。その教科書はそれだけでも学習が完結するeラーニング教材を

伴っていたので、たとえ授業を休んでも、フォローアップが可能なものでした。語彙導入、文型導入、モデル会話の解説などは、文型積み上げ式の授業ならば教室でのeラーニングだけで事が足りました。楽な授業ができましたが、機械的に流れていく授業に物足りなさを感じました。特に、eラーニングに教室で取り組むことによる楽な授業には、本当のコミュニケーションがそんなにスムーズに予定通り進むわけがないという違和感がありました。

　そこで、より真正性の高い教科書をめざすことになりました。今度は、会話分析の研究者とともに、会話の実態を踏まえた教材をめざしました。課題達成の活動を中心とした教科書であり、真正性を重視して、モデル会話、例文からフィラーや言いよどみなども排除しませんでした。さらにタスクを中心として会話練習の機会を増やしました。タスクの前には文単位での練習も取り入れて、タスクへのスムーズな移行をめざしました。しかし、この練習が教科書全体の真正性を下げることになってしまいました。その結果、タスクが多いこと以外に既存の教科書との違いが見えなくなってしまいました。また、そのタスクと従来のタスクとの違いも打ち出せずにいました。こうして私は2度の挫折を経験し、教科書づくりの先駆者たちがどのような問題意識を持ち、それをどのように教科書に反映していったのかについて知りたくなったのです。

　シンポジウムの前後で、そして、凡人社編集長渡辺唯広氏を巻き込んでの対話が続きました。（氏がいなければこの本は日の目を見ることがありませんでした。渡辺さん、ありがとう。）その結果をここに披露します。ほかではなかなか語られない、著者たちの声をお聞きください。

　今使っている教科書、これから使うであろう教科書について理解を深め、批判的、多角的な視点で一緒に教科書を分析していただければ幸いです。そして、最後に一言。今、実はそもそも教科書はいらないのではないかと考えています。これについてはまたの機会に。

　　　　2019年春　マニラ湾に沈む夕日にサン・ミゲルを傾けながら
　　　　　　　　　　　　　　　　　　　　　　　　編者代表：今井新悟

目次

まえがき …………………………………………………… iii

序　章　教科書を斬る
　　　　　耐教師性と運用力養成の観点から
　　　　　　　　　　　　　　　　　　（今井新悟）……… 1

第 1 部：日本語の教科書概観 …………………………… 13

第 1 章　『SFJ』がめざしたもの
　　　　　場面と機能を重視したコミュニケーション力の養成
　　　　　　　　　　　　　　　　　　（加納千恵子）…… 15

第 2 章　『みんなの日本語』が使われつづける理由
　　　　　どのように『みんなの日本語』で教えるのか
　　　　　　　　　　　　　　　　　　（名須川典子）…… 25

第 3 章　『げんき』がめざしたもの　　（大野裕）…… 37

第 4 章　「つながり」を重視した『できる日本語』
　　　　　学習者も教師も「わくわくする授業」をめざして
　　　　　　　　　　　　　　　　　　（嶋田和子）…… 47

第 5 章　自己表現活動中心の基礎日本語教育と『NEJ』
　　　　　教育の企画とリソースとしての教科書
　　　　　　　　　　　　　　　　　　（西口光一）…… 57

第 6 章　『まるごと　日本のことばと文化』
　　　　　相互理解のための日本語をめざすワークブック
　　　　　　　　　　　　　　　　　　（八田直美）…… 67

第 2 部：7つの質問　79

第 1 章　『Situational Functional Japanese』（加納千恵子）……　81
第 2 章　『みんなの日本語』　　　　　　　（名須川典子）……　91
第 3 章　『げんき』　　　　　　　　　　　　　（大野裕）…　103
第 4 章　『できる日本語』　　　　　　　　　（嶋田和子）…　115
第 5 章　『A New Approach
　　　　　　to Elementary Japanese』　　　（西口光一）…　127
第 6 章　『まるごと　日本のことばと文化』　（八田直美）…　139

第 3 部：日本語の教科書を見る視点　151

日本語の教科書が紡ぐ未来の日本語教育
　　複言語主義から見た日本語の教科書　　　（伊藤秀明）…　153

著者一覧…………………………………………………………　164

教科書を斬る

耐教師性と運用力養成の観点から

今井新悟

1.『Situational Functional Japanese』(1991年)

　『Situational Functional Japanese』(『SFJ』)は、当時の日本語教育界においては斬新な企画でした。それから四半世紀以上経った今でも、その斬新さが色あせていないことに驚かされます。しかし、それは誇るべきことではなく、嘆くべきことかもしれません。なぜなら、『SFJ』がいまだにその斬新さを失わないのは、この間、日本語教育の、特に教科書がさほど代わり映えしないものであったことの裏返しだからです。ここ数年、ようやく本書で取り上げているような斬新な教科書が相次いで出版されましたが、日本語教育現場への浸透はまだ限定的です。

　『SFJ』の斬新さは、徹底して自然な日本語にこだわり、文法項目の提示順や語彙の未習語・既習語の区別にこだわらなかったことです。そして、Tasks and Activities と言われるセクションを『SFJ』の中核に位置づけ、The explanations in the Grammar and Conversation Notes, drills in SD (Structure Drills) and CD (Conversation Drills), are developed by tasks, which are designed as real-life tasks. (SFJ Vol.1 Drills p. viii) と説明しています。真正なタスクを中心とし、文法やドリル練習はそれに付随するという考えはそのまま、現在の Task Based Language Teaching (TBLT) とも符合します。

　ただし、加納（第1部第1章）の説明では、開発の経緯は上記とは微妙に食い違っています。教科書作成の順序として「会話班と文法班との間で激論を重ねながら、大枠ができた後で、各課の終わりに達成されるタスクや活動を考え」たとしています (p.17)。また、授業の標準的な流れとして示されているもの (p.19) も、理解し、ドリルをやり、ロールプレイ、タスクへ

と続く、PPP（Presentation-Practice-Production）そのものです。つまり、上記の、まずタスクありきの理念とは逆になっているように思えます。そして、さらに残念なのは、（他の国内機関でも同様でしょうが）筑波大学において『SFJ』が導入されたときのような十分に時間をかけた集中コースではない授業が増え、『SFJ』を使いきれなくなり、『SFJ』を取捨選択したミニ版を作ったときに、『SFJ』の真髄であったはずの Tasks and Activities が大幅に削られてしまったことです。加納はいみじくも「教科書はひとたび出版されれば作成者の手を離れるもので、どのように使われるかは、使用者（教師および学生）に任せるしかない面がある」（p.17）と書いています。実生活のタスクからすべての説明、練習が考えられるという精神が、現場で生かされないのは残念です。また、Tasks and Activities には、TBLT でいうタスクよりも、form にフォーカスしたドリルに近いものが多いことも気になります。ただし、それを現在の基準に照らして批判するのはフェアではありません。『SFJ』は「教師にとってのリソース、あるいは・・・参照マニュアルのようなもの」（p.22）と考えるのが妥当でしょう。だとすると、『SFJ』は耐教師性（teacher proof）が低いと言わざるを得ないでしょう。耐教師性がある教科書とは、どんな教師でも使いこなすことができる、ということです。耐教師性が低い教科書がいけないというわけではありませんが、耐教師性が低い教科書は主教材として採用されにくくなってしまう現実は避けられません。

　私が『SFJ』を使うとすれば、まずは意味のあるコミュニケーションが要求されるタスクをやります。ただし、そのときに学習者のためのリソースとして、『SFJ Drills』と語彙・文法の説明である『SFJ Notes』を手元において参照させます。このようにすれば、『SFJ』への不満としてありがちな、内容が多すぎるということは回避できますし、TBLT に似たタスク中心の活動を通して運用力を養うことができるでしょう。

2.『みんなの日本語』（1998年）

　今回のシンポジウムでは、それぞれの教科書の著者をお呼びしたのですが、名須川さんだけは、著者でなく、長年『みんなの日本語』を使ってきた実践者です。事情により、『みんなの日本語』の著者だけはお呼びすることがかないませんでした。

　『みんなの日本語』は世界で最も使われている教科書の一つです。文型積み上げ式の教科書として知られています。いくつかの日本語教科書は、いわば文型積み上げ式へのアンチテーゼとなっていますが、その牙城を崩すのは容易ではありません。『みんなの日本語』がこれほどまでに多くの支持者を集めているのは、耐教師性が高い（と思われている）からでしょう。実際、『みんなの日本語』第2版の前書きには「学びやすく、教えやすい教科書」と書いてあります。確かに、教科書通りに進めていくと一通り消化できます。しかし、それだけでは、コミュニケーション能力が身につかないという実感を持つ教師が多いことも事実でしょう。『みんなの日本語』を漫然とこなすだけでは、運用力がつかないということを名須川（第1部第2章）も指摘しています。そして『みんなの日本語』と「運用力」の間を埋める役割が日本語教師に求められると述べています。してみると『みんなの日本語』は実は耐教師性が高いとは言えません。さらに、現場では文型導入や基本的なドリルに時間をとられ、結局、名須川が強調する「運用力」というゴールにたどり着かない場合が往々にしてあります。この点も名須川は承知していて、次のように警告しています。「あまりに正確性にこだわると時間的に運用練習までたどり着けなくなってしまうため、60％ぐらいの到達度を目途に切り上げる教師の勇気が必要になってきます」（p.33）はたして、現場にその勇気がある教師はどのくらいいるのでしょうか。むしろ、基本のドリルができないまま、口が回らないまま「応用練習」に進むことはできない、という呪縛から逃れられない教師のほうが多いように感じます。さらに『みんなの日本語』の練習Cはコミュニケーション力・運用力の養成のための練習と位置づけられているのですが、「提示されている会話の下線部のことばを・・・置き換え」る練習（『みんなの日本語』「本書をお使いになる方へ」p.vii）では、

その練習がうまくこなせたところで、コミュニケーション力・運用力がつくとは思えません。一方、「効果的な使い方」として「練習Cは・・・パターン練習だけで終わらず、会話を続け、膨らませるようにします」という説明もあります。これは、名須川が、教師の役目を、教科書と運用力養成の間を埋める橋渡し役としたのと呼応しています。さらに「学んだ日本語を使って日本人に話しかけてみます。習ったことをすぐ使ってみる。それが上達への近道です」(『みんなの日本語』「効果的な使い方」p.iv) 確かに、ここまで授業の一環として実施できれば、運用力の養成ができると思いますが、練習Cで終わりにしては、運用力は身につかないと思います。

　次のような説明もあります。「文型の正しい意味を捉え、文の形がしっかり身につくまで声に出して練習A、練習Bを練習します」(同上)これは、長年、この教科書を使ってきた経験に基づく、名須川の考えとは相いれません。名須川は、練習A、Bにこだわりすぎることに警告を鳴らしています。「正確さを求めることにどれだけの授業時間を使うべきなのか」を教師が判断するべきだとしています。(p.32)。

　結論として、『みんなの日本語』は一般に流布している(と思われる)、扱いやすい教科書ではありません。運用力をつけさせるためには、教科書をなぞった授業では無理であり、名須川が指摘・提案するように、教師によるかなりの工夫が要求されます。

3.『初級日本語 げんき』(1999年)

　『初級日本語 げんき』(『げんき』)は北米で圧倒的な指示を得ています。私も北米でティーチングアシスタントをした経験がありますが、北米では以前は、米国あるいはオーストラリアで開発された教科書が使われていました。その後、『げんき』が北米を席捲しました。その理由として、以下のことが挙げられます。まず、英語での文法の説明が、「独習している人も容易に理解できるように」(『げんき』第2版 p.14) 平易かつ、十分にされています。次に、付属の音声教材が「学習者は各自で自習することが可能」(『げんき』同上) なように用意されています。そして、練習は「各学習項目に関して基

本練習から応用練習へと段階的に配列してあり、学習者がこれらの練習を順番にこなしていくことによって、無理なく日本語が習得できるようになるように配慮してあります」(『げんき』同上)ので、「日本語教師にとって教えやすい、学習者にとって学びやすい教科書」(『げんき』p.3)になっています。特に、大野が強調しているように「教員の授業準備の負担を減ら」して、「教科書1冊、教室に持っていけば授業ができるようになってい」て「経験の浅い教師にも使いやすい」(本書, p.41)ことが、教師の支持を獲得した最大の理由だと思います。これは、『みんなの日本語』の作成意図とも共通するものです。教科書の著者には二つタイプがあると思います。一つは、教師の負担を減らし、耐教師性をめざすタイプ、もう一つは、教科書を使ってどう授業をするかを教師の裁量にまかせるタイプです。『みんなの日本語』、『げんき』は前者であり、本書でとりあげた他の教科書は後者のタイプのようです。ただし、先に見たように『みんなの日本語』では運用力の養成については教師の裁量に負うところが大きいです。逆に、後者のタイプに分類した『NEJ』は、後で述べますが、表面的には耐教師性があるようにも見えます。

　『げんき』の各課の最後には「まとめの練習」として「複数の学習項目を組み合わせた練習や会話を応用して別の会話を作る練習など、その課の仕上げとなる練習」(『げんき』第2版 p.14)があります。この練習は、意味のあるコミュニケーションのタスクになっています。しかし、それでも、アクティビティ、タスクの類はたくさん入っていますが、形式面に焦点を当てているものが多いことは否めません。

　また、「まとめの練習」が「その課の仕上げ」と位置づけられている点は、正解を教師が握っているとして批判される「教師中心主義」です。その批判には賛否があり、ここでは問いませんが、タスクを多数取り入れたという点では一歩進んだ教科書であったことは確かです。

　さて、私が授業で『げんき』を使うとしたらどうでしょうか。たくさんあるタスクから始めることを想像してみましたが、それは難しそうです。なぜなら、この教科書は文型導入からきちんとステップを踏んで、最後のタスクにつなげているからです。ですから、全体の流れを変えてしまうとタスクができなくなるように思われます。しっかりと作りこまれているがゆえに、そ

の想定から外れる使い方はやりにくいのです。そして、この教科書で最も懸念されるのは、教科書を予定通りこなすことで満足してしまい、そこから先の実生活で使われる日本語への橋渡しをしないで終わってしまう教師・学習者がいるのではないかということです。よく作りこまれた、使いやすい教科書の落とし穴とでも言うべきでしょう。

4.『できる日本語初級』（2011年）

　嶋田は本書 p.52 で、『ACTFL-OPI 試験官養成マニュアル 1999 版』(p.121) から以下を引用し、『できる日本語』はこの考えに基づいて作られたと述べています。

> 　学習者が言語運用能力を向上させたいのであれば、教師が取るべき役割は、自分自身を「舞台に上がった賢人」に見立てるような伝統的なものではなく、むしろ、「側に付き添う案内人」というようなものになるはずである。すなわち、教師側からの話を最小限に抑え、学習者が会話に参加する機会を最大限に増やすという役割である。

　この考え方に全面的に賛同します。学習は「わかる」でとどまるべきではなく、「できる」ようにならなくてはいけないという考えに基づき、各課において can-do の形で学習目標が示されています。これは、ACTFL の OPI におけるプロフィシェンシーおよび CEFR の理念である、現代的な教育観・学習観に合致しています。この理念を『できる日本語』という教科書という形に落とし込んだとき、最も特徴的なのが「チャレンジ」のイラスト群を使った活動でしょう。学習者は文型のドリルをする前に、イラスト群を見ながら「自分の知っている日本語で話すことにチャレンジします。・・・その後で、CDを聞いて、そのとき何と言うのかを確認します」（『できる日本語』p.10）これまで見た教科書とは異なり、いわゆる正解とされる文がチャレンジの後で示されるのが特徴的です。このような画期的な試み自体が日本語教育におけるチャレンジと言えるでしょう。

私自身は『できる日本語』を使ったことも、また、他の人が使っているのを見たこともありませんが、それを想像して、いくつかの疑問を述べます。
　まず、上で特徴的としたチャレンジについてです。このチャレンジでは、当該課での新出文型は教師が提示せず、CDを聞いて、その中にある文型に学習者が気づくことを期待します。文脈に埋め込まれた文型提示であることが特徴的ですが、従来の方法でも場面設定をして文脈の中で文型導入をする教師も多いでしょう。教師の肉声とCDの音声ということ以外に、その違いがよくわかりません。
　次に、各課の最後に「各課の行動目標に則した総合的な活動」と位置づけられている「できる！」は、いわゆるタスクであると推察します。そこで、第1課の「できる！」を見ると、以下のようになっています。

- いろんな人に国、仕事、趣味などを聞いて友達になりましょう。どんな人に聞きましたか。その人を他の人に紹介してください。（『できる日本語』p.28）

　おそらく、どんな教科書を使っていても、最後にはこのような活動をやると思います。ですので、この「できる！」に関しても、他の教科書との差別化ができているとは思えません。
　総合的に俯瞰すると、『できる日本語』はイラストの多用、活動順序の工夫が凝らされた、よくできた文型積み上げ式の教科書という印象を持ちました。ですので、例えば『みんなの日本語』に慣れ親しんだ教師でも容易に移行できるのではないかと思います。一方、例えば、タスク先行型の授業など、ドラスティックに教え方を変えたいという教師は物足りなさを感じるかもしれません。

5. A New Approach to Elementary Japanese（2012年）

　いわゆる教科書は文法シラバスにしろ、機能シラバスにしろ、can-doを掲げるにしろ、学習項目・学習目標がリスト化され、その学習項目・学習目

標に習熟するような活動によって構成されます。つまり、(それが何であれ)学習・教育のマトリックスであるシラバスにしたがって教科書が構成され、教科書にしたがって、教育と学習が体系的に行われることが期待されます。教科書を教えるのではなく、教科書で教えるという常套句は、授業が教科書にしたがって進行してしまうのが実態であることを示唆しています。たとえ、教科書を閉じさせて、イラストや実物を駆使して、導入・練習をしたとしても、教科書の内容に沿って授業が行われていることには変わりありません。

　これに対し、『NEJ』は教科書をいわゆる教科書としてではなく、学習者と教師にとってのリソースと位置づけています。『NEJ』でも、教科書を使って授業をすることには変わりありませんが、普通の教科書は、練習などの学習活動が並んでいます。教科書の指示にしたがって学習者は活動をします。それに対し『NEJ』は、ちょうど読解教材の素材のように、教科書それ自体を理解し、学習者が「対話」するためにあります。『NEJ』の特徴である、マスターテキストは、普通の教科書にある(ビデオや音声の形態も含む)モデル会話とは比較にならない長さを持つ、完結したテキストです。初学者であっても、学習者は長いテキストを、それに付された語彙や文法の説明を利用しながら、読み解いていきます。その後、教師は問答法を使って、テキストの内容を学習者が理解しているか確認していきます。このとき、語彙・文型の口頭練習も同時に行われます。この口頭練習は、一見すると他の教科書でも行われるドリルと同じように見えますが、『NEJ』の口頭練習はあくまでもテキストに沿っていますので、他の教科書で見られる、語彙や表現を入れ替える、文脈から切り離された練習はありません。さらにマスターテキストを音声を聞いて模倣反復やシャドーイングすることが推奨されます。また、最後に、マスターテキストにある語彙・表現をまねてそのテキストと同程度のエッセイを書きます。このように、マスターテキストを徹底的に利用しつくします。『NEJ』はあくまでもリソースであり、普通の教科書に見られる練習のリストとは質的に異なります。

　ところで、西口は、『NEJ』はバフチンの「対話」を基盤としていると言いますが、その実、『NEJ』のマスターテキストはモノローグです。一般的な教科書にある会話はほとんどありません。いわゆる「対話」がないことは奇

妙なのですが、『NEJ』ではマスターテキストに登場する人物を語り手とみなし、それを読む学習者の間に「対話」があるとしています。学習者がテキストと向き合い、理解し、さらに自分自身について考えることを内的な対話とみなしています。その後、エッセイを書き、教室で読み合う活動がありますが、それは学習者同士の対話です。以上が私が理解した『NEJ』の概略です。続いて、いくつかの感想を述べます。

　まず、いわゆる「会話」がないことについてはひっかかります。まとまった量で自分について語るというのは、「会話」よりも知的でかつ学習者も満足のいく活動でしょう。一方で、特に国内で日本語を学んでいる学習者にとっては、日々の挨拶や、依頼、勧誘、断り、謝罪、確認、要求などの機能を伴う会話も必要でしょう。西口が引用しているCEFRでも、「質問したり、答えたりする」「簡単なやりとり」「簡単で直接的な情報のやりとり」への言及があります。さらに、CEFRのA1レベルではまとまった分量で話すことは期待されておらず、むしろ「事柄を列挙するような形で話をしたり、叙述したりすることができる」または「短く話すことができる」とされています。これは『NEJ』で扱う長いモノローグとは異なります。会話のニーズがある場合には（ほとんどの初学者にあると思いますが）、それを教室でも補完すればよい、というのが『NEJ』の立場でしょうが、それはすきま時間に補完するという程度では済まないでしょう。

　次に、この教科書を使う教師ですが、西口は、一方で、「教師は専門職として高度な言語観や言語習得観を豊かに育んでおくことが必要です」（本書,p.65）と述べ、教師の高度な専門性を強調しながら、他方では、「日本語教育の経験や日本語指導法の研修の受講経験がない人でも割合容易に有効に活用することができます」（『NEJ指導参考書』西口, 2012, p.20) とも言っています。しかし、率直な感想を言えば、前者が正しいのではないかと思います。前述しましたが、『NEJ』の使い手は問答法を行う必要があります。問答法では、教師は学習目標となる語彙・文型を熟知し、学習者の反応に合わせて質問の内容・難易度を臨機応変に操作する技量が必要です。この技量はいわゆる文型積み上げ式の教科書をなぞることで身につくものではなく、教師の主体的かつ意識的な経験がものを言うところです。さらに、『NEJ』の基盤とし

てのバフチンの思想や、社会構成主義的な考え方を理解しないで使うと、それこそ「教科書だけが一人歩きする」(本書, p.58) 危険性が高いと思います。

6.『まるごと－日本のことばと文化』(2013年)

　教科書は開発者の現場の影響を受けますが、それでも、広く一般的に使えるということが、まえがきなどに書かれているのが普通です。それに対して八田 (本書, p67) は「対象は趣味や教養のために日本語を学ぶ社会人」であることと、使われるのは「国際交流基金が各国で提供している日本語講座のようなコースを想定して」いると、明言しています。日本語環境のない海外を想定し、しかも、国を限定しないのは世界の日本語教育に寄与するという国際交流基金の使命に基づくもので、古くは『日本語初歩』(1981年) に遡る伝統です。また、わざわざ「社会人」と断っているのは、国際交流基金が力を入れて普及してきた中等教育のための教科書と区別するという意図があるのでしょう。趣味や教養のための日本語と限定しているのも他の教科書には見られないユニークな点です。

　『まるごと』の特徴は、コミュニケーション中心の課題遂行と日本文化理解を強調している点でしょう。そして、カラー写真をふんだんに使った豪華な作りの教科書と音声や動画の付属のリソースは他の教科書の追随を許しません。文句なく、楽しい教室活動ができるはずです。それでも、批判的な考えを記しておくことは、今後のさらなる日本語教科書の発展に必要なことだと思います。

　『まるごと』は課題遂行を前面に押し出しているので、必然的に文法の説明・文型導入には消極的に見えます。教科書本体にも付属書にも、いわゆる文法の説明・解説がありません。これは、制作理念にしたがい、あえてそうしているのでしょうが、実際には、現場である海外の拠点などにおいて文法解説書が作成され、それが公開されています。最終的には現場の判断にまかせるのでしょうが、この現状には、理念と現場の需要が一致していないことが見てとれます。

　次に、異文化理解を強調している点ですが、この点には私は違和感、さら

に言えば、懸念を抱いています。異文化には日本以外も含まれますが、日本語の教科書ですから、中核は日本文化です。日本語と日本文化は切っても切れないものであり、語学の勉強には文化理解が必要という考えが根底にあるのだと思います。はたして、それは本当でしょうか。例えば、英語を勉強するのに、アメリカの文脈で学ぶというのが日本では一般的ですが、英語はアメリカやイギリスだけで話されるわけではありません。英語は国際的な共通語（リンガフランカ）であり、英語は欧米の文化に依存せずに学び、使うことができます。言語の学習と文化理解をひも付けるのは、危険でさえあります。なぜなら、異文化理解という場合の文化は常にステレオタイプ化してしまう危険性をはらんでいるからです。人の認知には、ある程度のステレオタイプ化は必要です。ただ、そのステレオタイプから外れるものも多いという意識を忘れてはなりません。教室で文化を扱うとき、非典型例も十分に示す教師がどのくらいいるのか不安をぬぐえません。その結果、ステレオタイプ化したイメージだけが学習者に植えつけられる危険があります。『まるごと』の「教え方の手引き」には、この点への配慮が足りないように思えます。

　以上、シンポジウムとその後の各著者とのやり取りを通して、各教科書についての感想を述べました。おそらく、私の理解不足による的外れのものも多々あると思います。しかし、自分の理解能力の低さをさらけ出してでも、思うことを述べておくのは、これから教科書を選定する場面に出くわすだろう多くの教師への一助となればとの期待があるからです。今回扱った教科書のみならず、他の教科書、さらには、まだ見ぬ将来に出てくるだろう教科書について考えるときにも参考になるように、できるだけ批判的な態度で筆を進めました。そのため、辛口なコメントに傾いたきらいがありますが、その点は平にご容赦を願います。そもそも、本書のもとになったシンポジウムは、普通のプロモーションではできない、教科書の短所にあえてスポットを当てることによって、将来のよりよい日本語教科書の方向性を考えるという企画でした。そして、登壇者たちはこれがベストという教科書は永遠にない、という意識を共有していました。さらなる高みをめざして真摯に意見を交わすという態度は、本書にもそのまま受け継がれています。

第1部：日本語の教科書概観

著者らがそれぞれの教材を紹介します。教科書が作成された背景や経緯、使い方の要点などを知ることでそれぞれの特徴を概観します。

第1章『Situational Functional Japanese』（加納千恵子）

第2章『みんなの日本語 初級』（名須川典子）

第3章『初級日本語 げんき』（大野裕）

第4章『できる日本語』（嶋田和子）

第5章『A New Approach to Elementary Japanese』（西口光一）

第6章『まるごと　日本のことばと文化』（八田直美）

『SFJ』がめざしたもの

場面と機能を重視した
コミュニケーション力の養成

加納千恵子

1. 教科書作成の背景と経緯

　『Situational Functional Japanese』(『SFJ』)が作られた1980年代から1990年代、欧米ではすでにオーディオリンガル・メソッドからコミュニカティブ・アプローチへと外国語教育の流れが変わっていましたが、日本語教育の現場では、文型積み上げ式の教科書や教授法の時代が続いていました。筑波大学でも、1984年に留学生教育センター(1991年に留学生センター、2015年にグローバルコミュニケーション教育センターに改組)ができ、国費留学生のための集中日本語予備教育コースを始めた当初は、文型積み上げ式の教科書『新日本語の基礎』(スリーエーネットワーク)をベースにして、会話部分を大学キャンパス場面に書き換えた教材を使っていました。筑波大学では当時、大学院の研究留学生の応募資格として一定の英語能力と150時間以上の日本語学習を必須としていたため、初級より先に中級の教科書『日本語表現文型 中級Ⅰ』および『日本語表現文型 中級Ⅱ』(寺村編, 1983)ができていました。しかし、国費留学生のための予備教育コースには、文部科学省(当時の文部省)から、ゼロから日本語を学ぶ留学生に500時間の集中日本語教育を行って大学院入試に合格する力をつけるというミッションが与えられており、新たに初級の教科書を作る必要がありました。

　すでにあった中級の教科書は、大学院で主に人文社会系分野の研究をするのに必要な日本語の「表現文型」を学ぶという画期的なものでしたが、扱われている内容は話しことばより書きことばに学習の中心が置かれていました。それに対して、国費留学生たちの専門分野は圧倒的に理工系が多く、大

学院における研究は英語で行うとされていた分野も多かったため、初級ではまず、研究に必要な基盤として、400時間程度で大学生活に必要な実用的な口頭のコミュニケーション能力をつけることをめざし、同時に日本の大学における研究のやり方、日本人の考え方、研究室文化というようなものになじむための理解を深めることも必要だろうと考えました。そして、コースの残りの100時間程度を使って、将来専門分野で必要となる口頭発表能力や文献の読解力、レジュメの作成力などの育成も射程に入れた教育を行うというプランを立てました。

こうした経緯からもわかるように、『SFJ』の作成は、目の前に置かれた課題「日本の大学院で研究するために来日した留学生に、400時間程度の学習時間で、日本での日常生活に必要な口頭のコミュニケーション力をつけ、その先につながる研究生活を円滑に進められるような基盤を作ること」を達成するためにどのような教育をすべきかを考え、そのための教科書を作る、という必要に迫られてのことでした。

2.『SFJ』の理念と教科書観

新しい教科書を作るにあたって、リーダーの大坪一夫先生は、当時非常勤講師だった著者たちに、それまでの日本語教育の固定観念を捨て、どうすればこの課題を達成できるかを納得がいくまで議論して新しい教育方法を考えること、それを教育現場で実践し検証するという作業を積み重ねることにより形にしていくという方法を提案されました。新しい教育方法を考えるにあたっては、コミュニカティブ・アプローチを提唱する先行文献を読んで勉強し、欧米で開発された外国語の教科書など[1]を参考にしながら、目の前にいる学習者のニーズ、志向性などの観察・分析を中心に毎週のように集まって議論を重ねました。

まず、学習者(大学院進学をめざす理工系を中心とした国費留学生)に必要な口頭のコミュニケーション場面を調査して抽出し、そこで行われる会話や彼らが聞く必要のある講義や研究発表などに使われる表現、産出したいと思われる表現を学習のメインに据えることにしました。そして、それらの表

現が使えるようになるために必要な文法の解説や社会文化的な解説もリソースとして教科書に盛り込み、教室で行う構造練習（文型練習）や会話練習を経て、最終的には実際の場面に近いタスクを達成するという全体の方向性を決めました。モデル会話を作って会話練習の方法を考える「会話班」と、作られた会話から学習する文法項目を取り出して構造練習を作成し、将来専門分野で必要となる可能性のある書きことばへのつなぎをも視野に入れて考える「文法班」とに分かれて作業を始めました[2]。従来の文型積み上げ式の教科書のように先に「文型」ありきで考えるのではなく、まずオーセンティックな「会話」から入るというのは、『SFJ』の大きな特徴であり、当時新しい方向性を示したものだと思います。「会話班」と「文法班」との間で激論を重ねながら、大枠ができた後で、各課の終わりに達成されるタスクや活動を具体的に考える「タスク班」[3]、各課で導入される語彙や表現を整理してインデックスを作る「語彙班」などができ、できたものを実際のクラスで使って学生からのフィードバックを受けては修正するという作業を繰り返していきました。

　教科書作成にあたって大坪先生が強調されたキーワード（名言）として、(1)「本物の日本語」を示せ、(2)「学習者が本気で取り組みたくなる練習や活動」を考えよ、(3)「教科書は一種の排泄物」のようなもの、という三つがあります。(3) は、作成者の間では「教科書クソ論（失礼！）」として有名なものですが、大勢で作った教科書というのは、作成する過程で教師が学び、成長することが重要なのであって、できあがった成果物には執着するなということだったのだろうと思います。教科書ができたことで安心してしまって、教える工夫を忘れてはいけないという戒めでもありましょう。また、教科書はひとたび出版されれば作成者の手を離れるもので、どのように使われるかは、使用者（教師および学習者）に任せるしかない面があるという意味もあったのかもしれません。いずれにせよ『SFJ』を作成する過程で、私たち教師も学生たちも熱く語り合い、ともに学び、成長したことは間違いありません。

　『SFJ』は、その名の示すように、接触場面（Situation）と発話機能（Function）を重視した、日本語の口頭コミュニケーション力を養成するための教科書です。日本の大学で研究することをめざす学習者にとって必要な場面を精選し、

Vol.1 から Vol.3 までの全24課からなっています。コミュニカティブ・アプローチで提唱された、実際の接触場面で使われている生きたことばを学ばせることを目標に、インプットを増やすこと、考えながら産出させること、インフォメーションギャップのある練習やロールプレイ、課題達成型タスクなどを取り入れることを心がけました。同時に、オーディオリンガル・メソッドで提唱されてきた練習方法であっても、繰り返し練習や拡張練習など、口慣らし効果が認められるものについては、機械的に口を動かすだけにならないように工夫しながら練習の中に取り入れています。

『SFJ』の六つの主な特徴を以下に挙げておきます。

(1) 学習者に必要な接触場面と発話機能を重視している
(2) 言語の構造的知識や談話知識、社会文化知識を英語で解説している
(3) 日本の大学（社会）におけるリアルな人間関係、オーセンティックな日本語を示し、教室外での使用に結びつけるように促している
(4) 会話の登場人物の個性やストーリー展開、練習などにユーモアの要素を取り入れ、コミュニケーションを楽しむ工夫をしている
(5) 学習項目はできるだけスパイラルに展開するように並べ、将来的には書きことばにもつなげることができるように工夫している
(6) 現実の生活で役立つタスクばかりでなく、日本の社会や文化に関する情報を得られるような楽しめるタスクを用意している

『SFJ』はコミュニカティブ・アプローチのテクニックを取り入れた教科書ではありますが、成人の学習者に言語の構造的知識である文法をどのように教えるかについても細かな配慮をしています。

3.『SFJ』における学習の流れと教師の役割

『SFJ』Vol.1 では、まず学習者にとって身近な大学内での接触場面の会話を学習します。大学での歓迎パーティーの場面(L1)、学内郵便局の場面(L2)、レストランの場面 (L3)、キャンパス内や宿舎で場所を聞いたり (L4)、わか

らないことを質問したり (L5)、事務室で手続きをしたりする場面 (L6)、病院に電話して予約をとる場面 (L7)、先生にゼミ欠席の許可を求める場面 (L8) など、来日したばかりの国費留学生が実際に遭遇する場面を想定しました。

Vol.2 では、病院 (L9)、デパート (L10)、本屋 (L11) などの場面から、道を聞く (L12)、喫茶店で雑談する (L13)、バス会社に忘れ物を問い合わせる (L14)、資料室で本を借りる (L15)、電話でタクシーを呼ぶ (L16) など、留学生の活動範囲が大学の外へも広がっていることがわかります。

Vol.3 では、先生の家に電話をかける (L18)、お宅を訪問する (L19)、病院にお見舞いに行く (L22) のようなオプショナルな場面を扱っている課もありますが、友だちを誘う (L17)、説明する (L20)、苦情を言う (L21)、頼みと断り (L23)、旅行の相談 (L24) のように、発話機能や表現意図によってどのような場面でも使う可能性のある会話を扱うようになっています。

全課を通して、「モデル会話」に主な登場人物として留学生だけでなく日本人学生を多く登場させているのは、留学生はこう言うべきだというモデルを見せるよりも、そのような場面で日本人はどう言っているのかというサンプル（本物の日本語）を見せることにより、なぜそういう言い方をするのかを理解し、自分ならどう言うか、どう言ったらよいかを考えさせるというスタンスであるためです。留学生か日本人かという違いよりも、話者の個性に合った話し方を考えさせる意図もあって、登場人物のキャラクターを設定しました。

また、『SFJ』の各課には会話のほかに「レポート文」と呼ばれるセクションがあり、これは話しことばと書きことばの違いを見せることにより将来専門分野での研究で必要となる可能性のある書きことばの日本語につなげることを意図しています。話しことばでは省略されることの多い助詞や文末表現を、書きことばである「レポート文」で復元して見せたり、一人の発話が短く相づちなどで中断されがちなダイアローグを、一人で長く話すモノローグの形にしていく前段階として日記の形で示したりする工夫をしています。

ゼロから日本語学習を始める学習者には、教師は次のような標準的な流れで授業を進めることが考えられます。

(1) 英語で各課の NOTES（文法の解説、社会文化的解説、会話表現の解説）を読んで予習させる
(2) クラスで予習の確認（巻末の文法・会話のチェックシート、コンピューターによるチェックプログラムなど）をし、学生からの質問を受ける。またモデル会話の動画を視聴させ、その課で学ぶ内容について話し合う
(3) 構造練習：口慣らし練習から考えながら文を発話させる練習へと進む
(4) 会話練習：細かな対話練習を組み合わせてロールプレイ練習へと進む
(5) タスクと活動：学習した文型・文法や会話表現などを実際場面で使ってみる活動をめざす聞きタスク、話しタスクだけでなく、将来の読み書きニーズにつなげるための読みタスク、書きタスクをする

　日本語学習歴のある学習者には、先に(4)のロールプレイ練習の課題を与え、自分たちでまず自由にやらせてみるという流れも可能です。学習者たちの会話を録画し、モデル会話の動画と見比べさせて、できていればその課は飛ばしたりモデルとの違いを考えさせたりする、できていなければ知らない言い回しや表現をそこで補うような形で学習を進めることができます。
　『SFJ』では、はじめて日本語を学ぶ学習者のために大量の情報を盛り込んでいますが、使用した先生たちから、それほど多くの情報を必要としない学習者や多くを与えすぎると混乱する学習者もいるという指摘を受けることもあります。そういう場合、教師には、教科書をリソースとして、そこから必要な情報を取捨選択して学習者に提示することにより効果的な学習をサポートするというファシリテーターのような役割を果たすことが求められているのではないでしょうか。

4. コミュニケーション力をつけるための工夫

　『SFJ』では、生きた、本物の日本語を見せることをめざしていますが、来日してゼロから日本語学習を始める学生が教室の外にあふれている日本語の渦の中で溺れてしまわないように、そして日本語でコミュニケーションをす

る楽しさを感じられるように、いくつかの工夫を施しています。

　まず、本課を始める前の「プリセッション」です。音源を聞いた人たちからは異口同音に「速い！」という感想をもらいますが、実際に学習者が教室の外で耳にする日本語はこんなものではありません。コントロールされた内容を実際のスピードで聞かせながら、内容はまだわからなくても、日本語は文末に注意して聞くことが大事であること、文末を聞けば、それがカジュアルな話し方なのか、フォーマルな話し方なのか、過去のことなのか否定なのかもわかるという感覚を身につけることをねらっています。真のコミュニケーション力を身につけるためには、日本語には丁寧さのレベルがあり、日本人が使っている表現だからといってそのまま覚えて使ったら危険なこともあることを早い時期から学習者に知らせるという、オリエンテーション的な役割も果たしています。

　次に、理解すればよいことと産出できるようにすることを分けることです。モデル会話や会話練習に出てくる語彙や表現には、一応の理解のための説明はつけますが、習ったことをすべて覚えて使う必要があるわけではなく、使いたいことばから覚え、わからないことが出てきたら日本人に聞けばよいという立場をとります。インプットを増やそうとすれば、当然習っていない語彙や表現がたくさん出てきますが、それらを文脈なしでたくさん覚えさせることよりも、とりあえずやり過ごしておいて、必要な場合は質問するやり方を知っているほうが実際に役立つコミュニケーション力につながると考えます。したがって、メインの学習項目でないものについては最小限の説明にとどめ、先に進んだときにより詳しい説明や他の表現との関係がわかるように、何回かに分けてスパイラルに学習できるように工夫しています。

　さらに、学習者が本気で取り組みたくなるようにするという意味で、『SFJ』では、現実の大学の研究室におけるリアルな人間関係を設定しています。プリセッションの最後にモデル会話の登場人物の関係図がありますが、主人公である留学生のシャルマさんは、所属するコンピューター科学の博士課程の指導教授である木村先生、助教の鈴木さんとは縦の関係、そして友人となる山下さんとは横の関係にあります。山下さんを通じて、その友人である田中さん（ビジネスの修士課程の学生）と田中さんの友人である留学生リサさん

とも知り合い、最初は少し距離のある関係ですが、課が進むにつれてだんだん親しくなるプロセスが見られます。また、日本語ネイティブなら全員が同じように話すわけではなく、性格が違えば話し方も異なるように、留学生にも自分の個性に合った話し方をする自由があると思われます。そのため、山下さんという真面目でおとなしく、先輩には逆らえない気の弱い男性と、田中さんという活発で元気のいい、直接的な物言いをする女性とを対比的に見せています。強引で調子のいいキャラクターである鈴木さんが好意を持っているリサさんに対しては弱いというのも、学生たちの笑いを誘います。学習者には、必要なら堂々と文句も言えるようになってほしいという観点から、サンプルとして、迷惑な隣人や口うるさい管理人のおばさんも登場します。そして、日本語でコミュニケーションする楽しさ、おもしろさを感じてもらえるように、会話やタスクにユーモアの要素を取り入れています。各課の達成課題である Tasks and Activities には、日常生活に役立つ実用的なものばかりでなく、学習者の知的、認知的、社会的能力を生かして取り組めるような高度な情報収集のための聞きタスクや読みタスク、興味のあるトピックに関する話しタスクや書きタスクなども用意し、好評を得ています。

5. まとめ

　『SFJ』については、使われた先生たちから「量が多すぎる」、「どこに重点を置いて教えたらよいかわからない」などのコメントをもらうこともありますが、『SFJ』はそこに書かれている内容を手順に沿ってその通りに教えればよいというようなタイプの「教科書」ではないと思います。目の前にいる学習者に合わせて自律的に授業を組み立てられる教師にとっての「リソース」、あるいは、このように教えることもできるのだという「参照マニュアル」のようなものではないでしょうか。現にそのような使い方をしている先生たちの中に『SFJ』ファンが数多くいることをときどき耳にして、著者の一人として非常にありがたく、またうれしく思っています。実は、『SFJ』には教師用指導書（2000）だけでなく、『教師用アイデアブック』（カイザー, 2004）もあり、世界各国で『SFJ』が各地の状況に応じてどう工夫して使われてい

るのかという例が豊富に紹介されていますが、これも教科書の生んだ波及効果として、大きな成果であろうと思います。

　どのような教科書であっても、時代とともに古くなっていく、作成意図とは異なる状況で使われる場合も多い、という問題から逃れることはできないと思われます。よく言われることですが、「教科書＜を＞教えるのではなく、教科書＜で＞教える」というのは真実でしょう。誤解を恐れずに言えば、「教科書」というのは、それを作った教師にとっては学び・成長の記録であり、それを使う教師や学習者にとっては教育・学習のリソースであるとともに、特に学習者にとっては学習が達成された後に思い出す際の手がかり、記録ともなるものだと思います。『SFJ』を使った学生たちがコース終了後、何度も教科書を読み返して思い出したり他の学生に教えたりしていると言ってくれるのをうれしく思わない著者はいないのではないでしょうか。

注
1) 当時、作成者が手分けして参照したCAの教材は英語、ドイツ語、フランス語など数多くあったが、現在その大半はわからなくなっている。そのため、代表的なものとして以下のドイツ語とフランス語の教科書2点を挙げるにとどめる。
　・Hartmut Aufderstrasse, Heiko Bock, Mechthild Gerdes & Helmut Muller (1983). *Themen*. Max Hueber.
　・Rene Richterich & Brigitte Suter (1981). *Cartes sur table*. Hachette.
2) 詳しい作成の経緯については、市川・小林・戸村（1990）および渡辺・西村・加納（1990）を参照。
3) タスク作成の経緯については、阿久津・酒井（1992）、清水・山本（1992）、および新谷・藤牧（1992）を参照。

参考文献
阿久津智・酒井たか子 (1992)「新開発教材おけるタスク作成（1）―初級前期を中心に―」『筑波大学留学生教育センター日本語教育論集』7, 65-102, 筑波大学留学生教育センター.
市川保子・小林典子・戸村佳代 (1990)「新教科書における文法シラバス ―その作成過程と現状について―」『筑波大学留学生教育センター日本語教育論集』5, 59-84, 筑波大学留学生教育センター.
大坪一夫編・筑波ランゲージグループ著『SITUATIONAL FUNCTIONAL JAPANESE』Vol.1 NOTES/DRILLS (1991), Vol.2 NOTES/DRILLS (1992), Vol.3 NOTES/DRILLS (1992), 凡人社.

大坪一夫編・筑波ランゲージグループ著（2000）『SITUATIONAL FUNCTIONAL JAPANESE 教師用指導書（改訂版）』凡人社.

カイザー, シュテファン編著（2004）『SITUATIONAL FUNCTIONAL JAPANESE 教師用アイデアブック』凡人社.

清水百合・山本そのこ（1992）「新開発教材おけるタスク作成（2）―初級後期の小規模タスクについて―」『筑波大学留学生教育センター日本語教育論集』7, 103-126, 筑波大学留学生教育センター.

新谷あゆり・藤牧喜久子（1992）「新開発教材おけるタスク作成（3）―初級後期のトータル・タスク―」『筑波大学留学生教育センター日本語教育論集』7, 127-154, 筑波大学留学生教育センター.

寺村秀夫編・筑波大学日本語教育研究会著『日本語表現文型 中級Ⅰ』(1983),『日本語表現文型 中級Ⅱ』(1983) イセブ出版部.

渡辺恵子・西村よしみ・加納千恵子（1990）「新教材開発の経過報告―モデル会話、会話ノート、会話ドリルを中心に―」『筑波大学留学生教育センター日本語教育論集』5, 1-58, 筑波大学留学生教育センター.

『みんなの日本語』が使われつづける理由

どのように『みんなの日本語』で教えるのか

名須川典子

1. はじめに

　このところ「文型積み上げ式」学習法の効果が議論されることが多々あります。その代表として『みんなの日本語』が挙げられることも珍しくありません。そして、この学習法では、学習効果が出ないという指摘もあります。

　日本語学習者にとって、教わった文型をはじめて発話することは、たとえて言うならば、自転車に乗れない人が自転車を固定してまたがり、転ばないように足を地面につけながらゆっくり前に進んでいくのに似ています。文型積み上げ式の「基本ドリル」では、文法的な間違いをしないように気をつけながら慎重に発話してみるのです。

　その後、補助輪をつけて練習に臨み、それができるようになると、その補助輪を外します。これが、「文の意味を考えながらするドリル」、そして「運用力をつける練習」です。これらの段階を経て最後には、どうにか自転車に乗れるようになるのです。

　つまり文型積み上げ式の正確性が求められる「基本ドリル」から練習が始まり、最終的に「運用力」の養成をめざして素材を加えながら練習をしていく。このように『みんなの日本語』は運用力をつけられる教科書に十分なり得る可能性を秘めていると思います。そして、教科書を使った「基本ドリル」とゴールである「運用力」の養成のギャップを埋めることが課題です。

　私は『みんなの日本語』の活用者で、15年以上インドの日本語教育の現場でこの教科書を使用し、3,000人を超えるインド人学習者に教えてきました。学生たちは現在、日本語の専門職や日系企業のバイリンガル・エンジニアとして活躍し、日印間のコーディネータとして、なくてはならない存在になっ

ています。彼らの初級と初中級レベルの日本語教育は、『みんなの日本語 初級Ⅰ・Ⅱ』を使って行われました。

　『みんなの日本語』は、日本国内でも海外においても根強い人気があり、日本語の教科書として多くの学校や日本語教師に使われています。本冊で語彙・文型、そして周辺教材では多くの素材を提供し、その中には「運用」練習へつなげられるものもあります。そして文型積み上げ式の「基本ドリル」から「運用力」につなげていく「橋渡し的役割」を果たすのが、日本語教師です。本稿では、活用者の立場からインドで『みんなの日本語』をどのように使って、日本語運用力を高めていくことができるのかに焦点を当てていきたいと思います。

2. 『みんなの日本語』の効果的な使い方

2.1　実際の授業で『みんなの日本語』を使った各課の進め方
(1) 新出語彙の導入 (本冊の各課の新出語彙のページと絵カード使用)
(2) 新文型の解説　(日本語センター[1]作成のオリジナル文型導入ビデオ、学生は、翻訳・文法解説の文法説明のページを参照してもよい)
(3) 基本ドリル (本冊の新出語彙のページと練習Bを参照して作成したオリジナルのドリル)
(4) 体系的に文型を示す (本冊の練習Aを参照)
(5) 文の意味を考えながらするドリル (『標準問題集』を参照して、オリジナルのドリルを作成)
(6) 新出基本文型・質問文と答えの確認 (本冊の文型・例文参照)
(7) 場面会話練習 (本冊の練習Cと『導入・練習イラスト集』を使って練習、イラストのみを見せて、ヒントを出しながら学習者に適当な文型を発話してもらう。練習Cの会話が成立したら、全体でリピートして会話の流れを確認する。その後、ペアワークで会話を練習する際、同じ会話を練習するだけではなく、学習者のレベルに合わせて、語彙を入れ替えたり、練習Cの会話からさらに話を続けていく「チャレンジ」。最後に何組かに発表してもらう。学生は『翻訳・文法解説』にあ

る Reference Words & Information を参照してもよい）
(8) 会話（本冊の会話を周辺教材の会話 DVD を使って紹介）
(9) 会話練習（トピックを提示または指定の文を会話に入れる形式でグループで取り組む。学生は『翻訳・文法解説』にある Reference Words & Information を参照してもよい。発表、フィードバックを含む）

2.2 『みんなの日本語』を使って
学習者が出席したいと思う授業にするには

　日本語学習者にとって自発的に出席したいと思う授業とはどのようなものでしょうか。第一に日本語が上手になる授業です。教授内容が明確に理解でき、口頭練習も充実していて達成感があり、かつインタラクティブな楽しい授業であることが理想的です。

　『みんなの日本語』を使って、このような授業を実現するためには、上記の (1) 新出語彙の導入で、絵カードを最大限に効果的に使うことが肝要です。確実な口頭練習で学習者が効率的に楽しく語彙を記憶できるように工夫します。また、このときに新出語彙のみならず、既習の助詞練習も行います。単調にならないように気をつけながら、絵カードを十二分に活用してテンポよく行っていくことが大切です。単調になってしまうと、この活動の魅力が色あせてしまい、つまらないものになってしまいます。

　(2) 新文型の解説は、日本語センターでオリジナルの文型導入ビデオを作成し、授業の中で学習者に新文型導入の際に見せています。ビデオを見ることで学習者は新文型導入であることを意識し、気が引き締まるようです。また、ビデオを見せている間は途中で質問を受け付けないため、実際に教師が導入をする際にインドで起こりがちな学習者からの質問によって焦点がぼけてしまうということもありません。おもしろいことに、作成者である私が実際にクラスで「生で」新文型導入をするよりも、私の「ビデオ」を使ったほうが、学習者が集中して導入に見入り、私語もなくなり、理解しようと努めます。ビデオを見ながら各自ノートもとり、短時間で効果的な導入ができるのです。特筆すべきは、このビデオ自体がインタラクティブに作成されてい

て、ビデオの中の教師が学生に問いかけ、学生が実際に応える。そこに授業担当である別の教師が学生とコミュニケーションをとる形態をとっている点です。

　ビデオ視聴後は、すぐに基本的ドリルを始めます。文型導入・文法説明の時間を短縮して、学習者のアウトプットである基本ドリル、文の意味を考えながらするドリルおよび運用練習に時間をかけるためです。

　「第二言語を習得するということは、母語の習慣で身につけた古い習慣を抑え、反復練習を行ったり、誤りを即時に厳しく訂正したりすることによって新しい習慣を形成すること」（高見澤他, 2016, p.252）は、オーディオリンガル・メソッドの背景にある理論ですが、確かに基本的な口頭練習にも言語習得のプロセスにおける欠かせない役割があると思います。対象言語の文法にしたがった正確な言語学習と練習を通して、文型をまずは自分の中に取り込みます。ただし、上述の練習だけを継続していても、残念ながら運用力を養成することはできません。運用力を日本語学習の「到達点」と考えるならば、基本ドリルは「スタート地点」に当たるのです。

2.3　『みんなの日本語』を使ったドリル

　(3)の基本ドリルでは、本冊の新出語彙のページと練習B（各課の新文型に対応した基本ドリル）を参考にしてオリジナルのドリルを作成しますが、ここではあえて基本的なことができているかを確認する程度にとどめています。ドリルを意味・パターンともに拡張し、展開していくと時間がかかってしまうのと、そこで学習者も疲れてしまうため、その後の運用練習を効率的にするためにも適度に切り上げることが必要だと考えられるからです。一方、ドリルをしながら、(4)の本冊の練習A（各課の新文型を疑問文を含め1ページに体系的にまとめたもの）を参照して、教師は学習者がドリルをしながら頭の中を整理できるようサポートします。大切なことは、この基本ドリルの目標を「基本文型を明確に理解する」ということにとどめて、後の「運用ドリル」の時間を確保することです。学習者は運用練習をしながら、その文型の使い方を身につけていくことができるということを教師自身が認識しなければなりません。

(5)の文の意味を考えながらするドリルには、『標準問題集』を参照して作ったオリジナルのドリルを使っています。文型がわかっていてもその文章の意味を理解しなければ、答えられないドリルです。その一つは、教師がキューを出し、学習者が意味を考えてその続きを言うドリルです。

　例えば、第6課では、「わたしは〜を〜ます」という文型を紹介しますが、基本ドリルで、絵カードを使って各動詞の前に助詞の「を」を入れる練習をして文型の理解を促した後で、今度は、絵カードを見せずに同様に「〜を」の部分に入る単語のみを言って、学習者に文を完成してもらいます。どちらも学習者に同じ文を発話してもらっているのですが、前者では絵カードを見ながら発話しており、学習者は動詞と助詞の「を」に注意しながら発話しているのに対し、後者では、一つの単語の意味からどの動詞が適切かを考え、意味を捉えながら文章を完成するため、文の意味を考えながらするドリルを完成しなければなりません。（表1を参照のこと）

　このように同じ内容のドリルをしていても、アウトプットの際、キューの出し方によって学習者の頭の中の働きが違うということを意識することが大切です。特に海外での日本語学習は、日常生活と切り離された「言語学習」になりがちですので、日常生活の中で普段母語で行っていることを日本文化も考慮した上で「日本語に置き換える」という意識を持って日本語学習に臨むことが運用力養成へのキーとなります。

表1:第6課「～を～ます」の文型の基本ドリルと
文の意味を考えながらするドリル(1)

基本ドリル	文の意味を考えながらするドリル(1)
教師:(絵カードを提示しながら) 「ごはん」 学生:「ごはんをたべます」 教師:「みず」 学生:「みずをのみます」	教師:(絵カードを提示せずに、最初は順番を変えずに、次に順番を変えてキューを出す。) 「ごはん」 学生:「ごはんをたべます」 教師:「みず」 学生:「みずをのみます」 ＊その後、個別に学習者が自由に食べたいもの、飲みたいものを言ってもらう 学生1:「サモサを食べます」 学生2:「マンゴーを食べます」 学生3:「ジュースを飲みます」 学生4:「チャイを飲みます」

　文の意味を考えながらドリルをし、連語的知識につなげていくことは運用力の養成につながります。海外で日本語を教える場合、学習者が共通の媒介語を有していることが前提であるため、日本語でキューを出すだけでなく、媒介語で場面を示して、日本語でどのように表現するかを学習者に考えてもらい、日本語の運用を伴う発話につなげていくこともできます。

2.4　文の意味を考えながらするドリルから運用練習へ

　前述のように「基本ドリル」から「文の意味を考えながらするドリル」にできるだけ早いタイミングで移行していき、次は「文」から「文のグループ」の意味を捉える運用練習につなげていきます。このとき、実際に自分がすること・したこと・していることを発話してもらうといきいきとした練習になってきます。4～5人のグループで学習者同士が互いに聞きたいことを聞き合うアクティビティをして、その後グループごとに発表してもらいます。ここ

でのポイントは、自分のことを言って満足するのではなく、「他の学習者が発話していることにも耳を傾ける」姿勢を初級のときから意識して培っていくことです。学習者間のインタラクティブな日本語学習こそ運用力養成につながります。

　一見したところ「文型積み上げ式」の教科書として捉えられがちな『みんなの日本語』は、基本ドリル→文の意味を考えながらするドリル→運用練習につなげていくことにより、運用力の養成がゴールである教科書になると言えるのではないかと思います。さらには日本語教師と学習者が、文型・語彙という共通の「プラットフォーム」を持てることが強みにもなります。そして、日本語教師こそが『みんなの日本語』を使った学習を「運用力」養成につなげていく役割を果たしているのです。また、学習者が既習文型を使って自発的に発話することが望まれます。

　⑥では本冊の文型と例文を音読してもらい、その課で学習したことを各自確認します。このときは、学習者からの質問がない限り文型の説明はしません。

　⑦の場面会話練習は、本冊の練習C（各課の新出文型を使った短いやり取りの練習）を『導入・練習イラスト集』を使って練習するところから始めます。練習Cのイラストのみを提示し、学習者に本冊の練習Cの会話の記載は見せません。イラストを見せながら教師が随時ヒントを与え、学習者自身がその会話を引き出せるように工夫します。学習者から引き出した会話を教師が板書し、それを見ながら全体でもう一度リピートして会話を「再生」しながら、その会話の意味を確認します。その後、ペアワークで練習Cの会話練習をはじめ、語彙を入れ替えて場面を変えたり、そこから続けて独自の会話を作り出していく練習をします。

　⑧では本冊の会話をDVDを使って紹介します。DVDを学習者に見せて内容についての質問をした後、音読をして必要な説明を加えます。

　⑨は会話練習で、教師がトピックを提示もしくは学習者からの希望でトピックを決めたり、またトピックは自由にしてそのかわり会話で使う文を提示して、グループごとに自主的に自由な発想で取り組んでもらいます。時間を決めて会話をグループで作り、発表後、教師および他の学習者からのフィー

ドバックをします。

　フィードバックは「運用」を重視し、場面に合った語彙、文型の使い方や受け答え、会話の流れを中心に行います。学習者が明確に文型を理解した上で、それを場面に合わせて使い分けられる「運用力」を養成することにフォーカスして指導しています。

　この練習をする際、前提として語彙や文法の基礎的知識が身についていなければ、何度練習をしても基本語彙や文法の間違いばかりが目立ち、会話の意味が伝わりにくいものとなり、会話力をつける練習として非効率なものとなってしまいます。

　海外の学習者は日本語の授業以外の場で日本語で会話をする機会はほとんどないと思われます。それに対し、国内の学習者は実際に日本語を聞いたり話したりしながら生活しているため、「場面に即した日本語の自己修正」が加えられていきます。ですから、特に海外の学習者にとって授業中の基本ドリルを効果的に行い、十分に正確さを身につけた上で運用能力養成につなげていくことが効率のよい習得法と言えます。そのためには、「文型積み上げ式」学習法による基本ドリルは不可欠です。学習者の立場から考えれば、頭で理解できていることでもすぐに正確に発話することは、容易なことではありません。

　しかしながら、ここで注意しなければならないのは、基本ドリルの際、完璧なアウトプットをめざすと時間がなくなり、運用練習までたどり着けなくなってしまうことです。どこまでの正確さを求めるか、どこで切り上げるかは、学習者にもよるのですが、「正確さを求めることにどれだけの授業時間を使うべきなのか」という教師の相対的判断によるところが大きいと思います。

3. まとめ

　『みんなの日本語』には多くの語彙や文法事項が入っていますが、それらを「こなす」ことに終始するのではなく、それらをスタート地点と考えて、日本語の「運用」に結びつけていくことが大切なのではないかと思います。

そして「運用練習」が「語彙や文法事項」以上に大切であることを忘れてはいけません。

　これは、当たり前のことと思われるかもしれませんが、教師が「教科書をどのように使うか」ということを常に念頭において授業を行わなければ、教科書通りに教えることになってしまい、そのような状態で『みんなの日本語』を使って教えた場合、知らないうちに文法中心の言語学習の授業になってしまいます。教師は、「この教科書で何をどのように教えられるのか、どのようなことを追加すべきか」ということを授業ごとに考える必要があるのです。そして、教科書の使い方を工夫して「運用力の養成」をゴールとした授業をどのように作り上げていくのかを考えたいものです。

　また、『みんなの日本語』の中のいくつかの日本語の使い方が不自然という指摘もあるようですが、教師は学生にそれらを説明の上、使わないようにしたり、もっとよいと思われる表現を追加する自由を持っていてもよいのではないでしょうか。教師ミーティングで、『みんなの日本語』でどのように運用練習ができるのか、よりよい表現を考えていくというのもクリエイティブで楽しい教師間活動になると思います。

　しかしながら、『みんなの日本語』を使ってこのような授業を展開する際、一番の問題は「時間」です。語彙の導入から始め、文型の紹介、基本ドリルから文の意味を考えながらするドリル、そして運用練習までのプロセスをどのように規定の時間内に収めていくかが最大の課題です。限られた時間内に運用練習まで到達するには、基本練習の時間をできるだけコンパクトに収める必要があり、そこであまりに正確性にこだわると時間的に運用練習までたどり着けなくなってしまうため、60％ぐらいの到達度を目途に切り上げる教師の「勇気」が必要となってきます。

　絵カードを使った語彙の練習でも同様のことが言えますが、「基本ドリル」こそが一連の練習の「スタート」であり、次の段階の練習につながっていくのだ、という意識を教師が持つことが何よりも大切だと思います。基本ドリルと文の意味を考えながらするドリル、そして運用練習はそれぞれ独立したものではなく、相互につながっているものなのです。

　インドの日本語学習者は、多言語の国であるためか、一般的に耳がよく、

音を的確に認識し、また発音にも問題がない人が多いです。また、母語でもコミュニケーション能力の高い人が多く、日本語習得におけるストラテジーにも優れたものを持っていると思われます。一方、文法を「鳥瞰図」のように全体を観て理解できるため、「文型積み上げ式」も得意です。この「文型積み上げ式」の正確さのむこうに運用練習があり、「鳥瞰図」から特定「場面」への移行、自由な発想、クリエイティブなアプローチになっていきます。

　さらには、「学習者」と一言で言っても、さまざまな学習目的を持ち、さまざまな習得レベルの人たちが存在します。同様に日本語教師と一言で言っても、経験豊富な教師もいれば新人教師もいますし、海外では日本語ネイティブの教師数よりも日本語ノンネイティブの教師数のほうが上回るのが普通です。このような環境下で日本語を教える際、学習者のみならず教師間においても「共通のプラットフォーム」を持つこと、つまり、ネイティブ教師とノンネイティブ教師、さらに学習者を含めて、言語観や言語学習観を共有していくことにより、着実な日本語教育を推進していけるのではないかと思います。言語学習は、基礎がしっかりしていなければその後の学習に支障をきたします。そのような意味でも、『みんなの日本語』はその「共通のプラットフォーム」の役割を果たしていると思われます。しかしながら、その「プラットフォーム」上で日本語学習が完結するのではなく、そこからさらに「運用練習までつなげていく」こととそれに合った時間数の検討を含めたカリキュラム作成の必要性を考えるべきです。そして学習者の学習ストラテジーの中にも「運用練習の必要性」を徐々に浸透させていくことが肝要なのではないでしょうか。「プラットフォーム」を確立・共有することで、そこを出発点として前進していくことができるのです。

注
1）日本語センターは、インド・ニューデリーにおいて筆者が設立した民間日本語教育機関。初級から上級までのコースを運営している。学生数は、年間のべ800名。

参考文献

高見澤孟・ハント蔭山裕子・池田悠子・伊藤博文・宇佐美まゆみ・西川寿美・加藤好崇(2016).『新・はじめての日本語教育 1　日本語教育の基礎知識』アスク出版.

参考教材

『みんなの日本語 初級Ⅰ・Ⅱ　本冊』スリーエーネットワーク
『みんなの日本語 初級Ⅰ・Ⅱ　翻訳・文法解説ローマ字版（英語）』スリーエーネットワーク
『みんなの日本語 初級Ⅰ・Ⅱ　携帯用絵教材』スリーエーネットワーク
『みんなの日本語 初級Ⅰ・Ⅱ　導入・練習イラスト集』スリーエーネットワーク
『みんなの日本語 初級Ⅰ・Ⅱ　標準問題集』スリーエーネットワーク
『みんなの日本語 初級Ⅰ・Ⅱ　会話DVD』スリーエーネットワーク

第1部 第3章 『げんき』がめざしたもの

大野裕

1.『げんき』って何？

　『げんき』は米国の大学における日本語教育という市場での採用率を考えると、とても成功した教科書だと言えます。2017年夏から2018年春にかけての時点で米国の大学市場では第1位の普及率です。同じく米国の大学生向けに作られた教科書としては、Elenanor H. Jorden 先生・野田眞理先生の *Japanese: the Spoken Language* (JSL)、畑佐由紀子先生・畑佐一味先生・牧野成一先生の『なかま』、當作靖彦先生の『ようこそ』などがあり、それぞれ素晴らしい教科書であるわけですが、それらの有名な先生方の本、また、色濃く著者の先生方の思想や理念を映し出した本と、無名の若手が作った『げんき』が対等に渡り合えたことは、どのような教科書が歓迎されるのかを考えるとき、とても参考になる事例だろうと思います。

　『げんき』が作られてからすでに20年近くが経っていることや、多くの教育現場で実際に採用されてきたことを考えると、今さら「『げんき』はこんなにいい特徴を持った教科書なんです」といった形で紹介するのは、いささか思慮に欠くように思えます。なので、ここでは、宣伝と捉えられかねない要素をできるだけ排し、作成する際に著者たちがこだわったこと、著者の一人として反省点として捉えていることなどを主に記して、次の時代の教科書を作っていく人たちに伝えたいと思います。

2.『げんき』ができるまで

『初級日本語げんき』は、1999年にジャパンタイムズから刊行されました。著者5名は大阪府枚方市にある関西外国語大学（関西外大）留学生別科で日本語を教えていた当時若手の教員でした。関西外大は、短期留学生受け入れに非常に力を入れてきた大学で、当時、短期留学生の多くは米国からの学生でした。『げんき』は、主に英語が第一言語である地域出身の大学生に対して、英語を媒介語として日本語を教えることを大きな前提として作られたわけです。

『げんき』が出版されるまでの時代に、英語圏の大学で使われてきた初級日本語教科書の歴史を見ると、変形練習、代入練習などのドリルが中心の授業から、いわゆるコミュニカティブな授業運営がめざされるようになり、タスクやアクティビティ中心の学習が主流となっていったことが反映されているのが見て取れます。その一方で、純粋な文法シラバスであるか、状況、機能、トピックなどを中心に据えたシラバスであるかには差があるものの、どの教科書も、中級や上級の日本語の授業を履修していく学生たちがいるプログラムで使われることに配慮がされており、文法の積み上げができるような形になっていました。この最後の点は、『げんき』を含め、現在でもさほど変わっているとは思えません。

日本語教科書をめぐる時代の流れの中で、結果的に『げんき』に最も強く影響を与えたのは、水谷修先生と水谷信子先生の *An Introduction to Modern Japanese*（IMJ）であったと言えます。『げんき』が、著者たちの職場で使われていたIMJに代わる教材として作られたからです。進行中のプログラムの中で段階的に新しい教材に移行する必要があったため、文法の提出順序や、話しことばと書きことばを別々のユニットとすることなどについては、思い切った変更ができなかったのですが、より使いやすい教科書をめざして、次のような点に注意を払いました[1]。

- 練習には、機械的なものだけでなく、意味を考えて答えを決めたり、自分自身の考えに基づいて答えたり、情報を持ち寄って協働することによって解決したりするものを入れよう。

- ローマ字表記を併用しつづけると、かなや漢字の学習意欲をそいでしまうので、最初のうちはローマ字や分かち書きを用いるとしても、学習が進むにつれて、できるだけ早い時期にローマ字表記はやめよう。
- 文法の説明は簡単すぎると体系的に学べない。しかし、あまり詳細すぎると学習者が消化不良を起こしてしまう。会話文や読解文の理解および練習の遂行に過不足ない説明を提供しよう。
- 会話文に登場させるのは、学習者が感情移入しやすい人物にしよう。話題も、短期留学生といった学習者の暮らしに寄り添ったものにしよう。そして、日本語母語話者と気軽に交流することが当たり前であると感じられるような話の展開にしよう。
- 書記言語については、さまざまなジャンルの読み物に触れさせよう。日記や手紙のような等身大の文から、物語文、説明文なども含めよう。日本を紹介するような読み物の中にも、古来の伝統を語るものだけでなく、同時代の若者の姿を描いたものも入れよう。
- イラストを用いた練習を増やそう。イラストは、無味乾燥なものではなく、親しみやすい人物を用いよう。

これらの記述を見てわかると思いますが、『げんき』は何かの理論を具現化しようとして作られた教科書ではありません。そのことは『げんき』の弱さでもあるかもしれませんが、著者たちが「こういう教科書にしよう」と努力した点は、そのまま、『げんき』が好意的に評価された点になったとも言えます。その意味で、これらの視点は、教科書づくりに必要なものなのだろうと思います。

3.『げんき』はどんな教科書になったか

『げんき』は上下2巻で、条件文や使役受け身などまでの、いわゆる初級文法全般を扱っています。英語圏、つまり非漢字圏の学習者にとって学習に必要な時間は、復習とか試験なども含めて最低でも250時間程度だと思います。メインテキストのほかに、ワークブックがあります。各巻の前半に会

話文法編を配置し、後半に読み書き編を配置しています。

　教科書の会話文法編は、会話、単語表、文法説明、練習、補足語彙やその説明、文化ノートから構成されています。会話は、大学生、留学生、ホストファミリー、先生などが主な登場人物で、日本に来たアメリカ人留学生が日本人の大学生と友だちとなるところから始まり、恋人同士となり、留学期間が終わって帰っていく留学生を空港で見送るところで終わります。他愛のない話ではありますが、二人はどうなるのだろうというストーリー性で『げんき』を気に入ってくれた学習者はとても多いです。登場人物の設定や話の展開で学習者の興味を駆り立てる努力は、教科書づくりにおいて、重要な要素だということだと思います。

　『げんき』の一番大きな特徴は練習問題の部分でしょう。練習の量が豊富であること、親しみやすいイラストがふんだんにあること、基本練習からオープン・エンドでコミュニカティブな応用練習までをバランスよく配置してあることで、楽しく、また円滑に授業を進めることができます。答えが一つに決まり、一人で練習できるものは、すべて音声教材に収録してあります。文法説明を読むことと並んで、ここまでを予習範囲として指定することができます。

　読み書き編のほうは、対応する会話文法編の課で導入された単語や文法を読解を通じて確認しながら、文字の習得をめざします。第1課ではひらがなが、第2課ではカタカナが、第3課以降は漢字が各課に15字程度導入されます。文字の練習の部分では、部首などの漢字の構成要素を組み合わせて漢字を作ったり、パズルを通して漢字を読んだり書いたりする問題を配置しました。

4.『げんき』を形づくった実践

　先に述べたように『げんき』は、何か特定の言語教育に関する信念に基づいて作られた教科書ではありません。誰か有力な理論家のもとに集まったグループが執筆したとか、ある学校の確立した教授法に基づいて作成したというのではなく、たまたま同僚となった同年代の教員たち（ちなみに、執筆者

名の配列は名字のアルファベット順になっています）が平等にそれぞれの考えに基づいて素材を出し合い、考え方の違い[2]に折り合いをつけながらまとめていったものです。

　教育理論の代わりに著者たちがめざしたことは何だったかを振りかえってみると、第一に、教員の授業準備の負担を減らすこと、そして教員にとって「使いやすい」教科書を作るというのが、『げんき』を作る際の理念でした。もちろん、「使いやすい」というのは、教師が誰であるか、学習者が誰であるかに依存します。英語話者の大学生を対象とし、ペアワークなどをふんだんに織り込んだ授業をするという目標に即して考えた場合、『げんき』はそれをかなりしっかり実現させたと思います。教科書1冊、教室に持っていけば授業ができるようになっていることで、もし教科書が機械的な練習ばかりであったならば毎日やることになっていたはずの教室活動のためのワークシート作成等の作業から『げんき』を使う教師は解放されたはずです。その実感から、採用した教師の間での『げんき』への支持が広がったと考えています。

　『げんき』はまた、学習者にとって「学びやすい」教科書にしようとする努力の産物でもありました。先に述べた、感情移入しやすいキャラクター設定やイラストなどのほかにも、練習にも説明にも、随所にユーモアを取り入れました。また、文法説明において、英語の文法説明を提供する日本語教科書の多くが "This sentence pattern is used to express …" といった形で、文法項目を説明文の主語にしているのに対し、『げんき』では、できる限り、"You can use this pattern if you want to say…" とか "In this lesson, we learn…" のように、人を主語に立てた能動文を用いるように心がけ、「こういう内容を伝えたいのなら、この文型を使おう」とか、「これを覚えれば、こういうことが言えるようになる」のような書き方にしました。また、巻末の日英の索引は五十音順になっていますが、五十音の順番をしっかりと把握できていない学習者にも検索が容易になるよう、各ページのヘッダーに、そのページに記載されているのが五十音の中でどの部分にあたるかを明示したりしました。

　『げんき』には言語習得に関する高尚な理論はなかったかもしれません。しかし、何の指針もなしに無節操に作られたのではなく、学習者の特に情意

面への配慮や親切さは他のどの教科書にも負けていないだろうと思います。

5. 次の時代の教科書のために

　『げんき』のもととなった試用教科書を作ったときからは、すでに20年が経過し、この間に学習者を取り巻く世界は大きく変わりました。その結果、『げんき』には、もはや時代遅れと感じられるところも多く出てきたと思われます。一つの教科書に関わる省察としてではなく、一般的な教訓として考えれば、教科書は、20年経っても使われつづけるのですから、10年、20年といった将来を見据えて作るべきであると言えるでしょう。

　『げんき』の中に現われる事象のいくつかのものを、時の流れの観点から検証してみましょう。『げんき』は学習者に親しみを感じさせるために、学習者の身の回りの事柄や誰でも知っているような有名人への言及が多いです。しかし、これらは、はやり廃りの激しい領域でもあります。練習問題のイラストを見ると、1999年の初版ではブラウン管テレビ、ラジカセ、アンテナを伸ばす方式の携帯電話がありましたが、2011年の第2版では、それらは姿を消しました。読み書き編の第23課には、メールで使う顔文字の話が出てきます。当時としては先進的だったはずですが、1999年のことですから、顔文字というのは \(^o^)/ とか :-) といったものでした。今ではさまざまな絵文字が文字コードの中でも位置づけられ、英語でも emoji と呼ばれるようになりました。その分、『げんき』の顔文字の話は、若い人たちには一世代前の話のように感じられることでしょう。人物も同様で、第22課の文法の例文には「私はアウンサン・スーチーのような人になりたいです」というものがあり、かつては、人権や民主主義を大切にする人たちにとって申し分のない配役だったのですが、ここ2年余りのロヒンギャ問題を目の当たりにすると、例文を変える必要がありそうに思えます[3]。

　教科書づくりにおいて、文章や練習問題の中に映し出される社会的な現象よりもさらに慎重な考察が必要なのは、言語事実に関する変容でしょう。誰もがすぐに頭に思い浮かべると思われる点では、いわゆる「ら抜きことば」、つまり、可能動詞の形態上の変異があります。『げんき』では、Ru動詞（一

段動詞)や「来る」から派生する可能動詞は「られる」の形を基本として教え、ら抜きの形については「『られる』ではなく『れる』を付加する、より短い形もあります。ら抜きの形は特に若い話者の間で広まっていますが、若干正しくない形だと考えられています」と説明しています。しかし、大学生の年代の初級日本語学習者が教室外で接する可能動詞はら抜きが圧倒的であるはずです。これからの変化も見据えて、今から教科書を作るのであれば、規範主義を脱却し、社会の趨勢を反映した形を選択することが必要であるように思われます。

　ら抜きのような局所的な判断が必要な事項とは異なり、教科書全体の姿を決めるような大きな問題もあります。それは、入門期において、距離感のある文体(ですます体)を基調とするのか、もっと直接的な文体(普通体)を基調とするのかという問題です[4]。少なくとも高等教育機関での使用を前提とした初級教科書では、大半のものがですます体を先に取り上げています。『げんき』においても、全23課のうちほぼ3分の1まで学習が進んだ第8課でやっと普通体(短い形)の学習が始まります。日本語の教科書でこれまでですます体(長い形)を先に導入してきたのは、丁寧な話し方をしたほうが聞き手に不快感を与えるおそれが少ないからということであったと思われます。例として、『JSL』での説明を見てみると、最初の課ですでに日本語には距離感のある文体と直接的な文体の二つがあることを説明しているのですが、その上で、距離感のある文体は「日本語の勉強を始めたばかりの大人の外国人には一般的に言って最も適切な文体である」とし、「大人の外国人にとって最も『安全な』文体から勉強しはじめる」のだと説明しています。しかし、実際には、『JSL』の1980年代半ばの記述はもう古いと思います。近年、日本の社会の中で外国人すなわち文体の管理が不完全な非母語話者の存在は当たり前のことになりました。非母語話者が普通体で話しかけてきて、仮に少し不快に感じたとしても、「非母語話者なのだからしかたない」と割り切れない母語話者はいないだろうと思います。だから、教科書を作る際も、学生たちが失礼な話し方をしてしまうかもしれないと臆病になるより、教科書の日本語が教室外の日本語をよりよく反映するようにして、教室での学びが教室外での生活にすぐ生かせるようにすることのほうが大切だと考えること

ができると思います。

　社会全般や日本語そのものの変化に十分対応できていないという後悔とは別に、作っているときにもう少し洞察力があればと反省していることも多いです。日本語は非母語話者にとってやさしい言語ではありません。単語の使用率の分散が高く、基礎1,000語、2,000語などの基本語彙によるテキスト全体のカバー率が低いことは古くから指摘されてきたことです。分かち書きを採用していないために語や句の認定のために語彙知識・文法知識への依存度が高いこと、漢字を採用しているために学習しなくてはならない文字数が多いこと、省略を許容しがちな統語体系であるために文脈依存度が高いことなども、日本語が非母語話者にやさしくない理由として挙げることができるでしょう。これらの理由が相まって、初級教科書に現われる言語と生の素材に見られる言語（つまり教室外の言語）との間の距離はとても大きいです。

　『げんき』をはじめとする多くの教科書は、日本語母語話者の持つ知識や運用能力を完成形として想定し、そこまでの道のりを段階的に学習できるように配慮してきました。いわゆる積み上げに心を砕いてきたわけです。しかし、そのために、学習者が今日、実生活で接する日本語に無頓着でありすぎるところがあったように思われます。これは、特に書記言語において顕著で、街の中で多くの漢字を目にする機会があるのにも関わらず、学習者の視界をよぎる漢字が今日理解できることではなく、いつか本や新聞が読めるようになるための勉強を学習者に強いてきたと言えると思います。例えば、「空」という漢字は、小説の中ならば、「そら」の意味で使われることが多いでしょう。だから、「青空」とか「空港」という熟語といっしょに教えたりします。しかし、初級学習者は小説も新聞もまったく歯が立たないから手に取ることはほとんどありません。彼らが日常的に目にするのは「駐車場空きあり」とかタクシーの「空車」といった使われ方のほうが圧倒的に多いはずです。『げんき』では、読み書き編の第13課でこの漢字が導入されますが、既習語であるとか既習漢字との組み合わせであるかといった理由で、覚えることを要求した熟語は「空港」と「空気」で、「空（そら）」「空く」「空手」を参考に挙げました。学習者が日常的に目にするものは何かという視点からは、反省が求められるでしょう。

語彙の選択についても、『げんき』は文法の積み上げを意識するあまり、既習語や既習文法項目を用いたフル・センテンスの中で使うことができるかどうかという基準に振り回され、「同じ」や「違う」といった抽象度が高い語の導入が遅くなりました。「両方」のように、教室の中でも日常的な買い物などの状況でも使う機会がありそうな語であるのに、最後まで導入できなかった単語もあります。

　文法では、例えば動詞の導入には「図書館で本を読みます」といった現在時制の文型を用い（第3課）、過去時制（第4課）やテ形の導入を経て「てください」（第6課）や進行中の動作の表現（第7課）を学び、願望の「たい」の文型は後回しとなりました（第11課）。学習者が直面する必要性を考えた場合、客観的な事実の描写と希望の表明とどちらのほうが切迫したものであり得るか、もっと検証が必要であったように思われます。

　会話文も、各課までに積み上げてきた語彙や文法の知識を用いて自然で意味のある会話ができるということを強調するあまり、不完全な話者が現実の世界で必ず直面する接触場面でのコミュニケーション不全の状況を回避してしまったという問題があります。学習者が実際の生活で出会う人々は彼らに合わせた言語で話してはくれませんし、間違いを含んだ産出を好意的に処理してもくれません。ですから、第二言語教育には、コミュニケーションがうまくいかなかった場合に取るべきストラテジー等を教えるということが織り込まれてしかるべきだと思われますが、『げんき』では、そのようなコツを教える機会を逸してしまいました。

　『げんき』の特徴として述べたキャラクター設定やストーリー性についても、残念に思う点があります。中心になったのが女性と男性の間の異性愛の物語なので、性的少数者への配慮が足りなかったと言えるかもしれません。また『げんき』の主な登場人物にアフリカ系アメリカ人がいないことなどにより、人種的な多様性に欠けているという指摘もよく受けます。ただ、あまり気づいてもらえないことなのですが、主人公のメアリーさんは、メキシコと長い国境線で接するアリゾナ州出身の、英語とスペイン語のバイリンガル、つまりラティーナという設定なのです。教育の一部として日本語教育がある以上、そこで使われる教科書は、社会の不公正をただし、よりよい世界を作っ

ていく努力の一端を担うことが期待されているわけですが、『げんき』はその面で十分に力を発揮することはできなかったようです。

　もちろん、初級教科書を作るには、さまざまな検討要因や制約があり、ここで反省事項として挙げたものは、優先順位がもう少し高かったとしても、総体的に『げんき』の中では実現できなかったことなのかもしれません。

6. 終わりに

　以上、『げんき』が書かれた背景を開示し、そこから生まれた教科書がどのようなものになったかを説明した上で、著者の一人としてどんなところに悔いが残っているかを述べました。『げんき』は、英語圏の大学生向け教科書としては間違いなく一つの時代を担う教科書になったと思います。その作成や利用をめぐってここに記した総括が次の世代の教科書を作る人たちの思いや努力を後押しするものになることを切に願います。

注
1) 別の言い方をするなら、これらは『げんき』の著者たちが感じていたIMJへの不満の裏返しということになります。
2) シンポジウムの企画者による査読で、実際にどのような考え方の違いが共著者の間にあったのか開示してほしいというコメントをいただきました。ありとあらゆる場面で異なる意見を克服してきたので、簡潔にそれについて述べることに困難を感じます。記憶があやふやな20年前のやり取りのかわりに、現在行っている第3版に向けての改訂作業から例を挙げると、練習の提示の順序などで意見の対立が多いです。一つの文法項目に絞って練習することの繰り返しであれば迷いは少ないのだろうと思いますが、意味を考えながら取り組める練習を中心に据えようとすると、一人ひとりの日頃の授業の組み立て方を反映した提案が出され、議論がなかなか収束しません。毎週、Skypeの会議通話とGoogle Docsの同時編集を使って討議を重ねているのですが、平均速度は1時間1ページぐらいだと思います。
3) 私はここでアウンサン・スーチー氏について断定的な評価を行おうとは考えていません。
4) 距離感のある文体、直接的な文体とは、それぞれ、JSLのdistal style、direct styleを指します。

「つながり」を重視した『できる日本語』
学習者も教師も「わくわくする授業」をめざして

嶋田和子

1. 背景と経緯

　1980年代に入り、知識偏重教育の弊害からコミュニケーション重視の教育への関心が高まりました。しかし、教育現場では依然として「はじめに文型ありき」による実践が行われていました。「教科書を教えるのではなく、教科書で教える」ということはわかっていても、言語的知識にばかり目を向け、学習者が「何ができるようになるか」についてはおろそかにされがちだったのです。

　筆者は、1990年代半ばにOPI (Oral Proficiency Interview) に出会ったことによって、大きく言語教育観を揺り動かされました。「言語の運用能力を実生活で起こり得る状況でどれだけ効果的に[1]、適切に言語を使うことができるか」「相互のやりとりのある、臨機応変で、学習者中心」(『マニュアル』[2]、p.11) といったOPIの考え方に共感しました。このOPIとの出会いをきっかけにして勤務校である日本語学校では、「はじめに文型ありき」の教科書を使いながらも、1.場面・トピックシラバスと文法シラバスの融合、2.学習者が自分のことを「話したい／伝え合いたい」と思える授業、3.学習者の自律的な学びを重視した実践、4.多様な「つながり」を重視した実践などといった点に注目した日本語教育をめざしていきました。

　口頭能力インタビュー試験であるOPIが、なぜ教育実践に生きるのかについて、少し説明を加えておきます。OPIでは試験官（テスター）は、事前に用意された質問もなければ、インタビュー中にメモを取ることもできません。学習者の話を聞きながら、学習者の発話が引き出せるような質問を投げかけます。こうしたことからもわかる通り、OPIではテスターに「質問する

力」「発話を引き出す力」が求められますが、それは授業を行う上でも同様です。

ここで、日本語学校を取り巻く動きの一つとして、2002年にスタートした日本留学試験（EJU）についても触れておきたいと思います。「課題達成能力」を見る日本留学試験の開始を契機として、日本語学校を中心とした日本語教育現場では、それまで知識の多寡を問う要素が強かった試験対策的な教育に対する反省が出てきました。こうした動きが、勤務校で始まっていた「OPIのコンセプトから生まれた教育実践」をさらに後押ししたと言えます。日本留学試験と日本語学校現場との関係性などについては、嶋田（2005）、嶋田（2006）を参照してください。

こうした動きの中で、教育現場のみならず出版界においても「今のように文型積み上げ式教科書を、ただ粛々と進めているような授業を続けていては、日本語教育はダメになる。世界の言語教育の中で取り残されてしまう」と危機感が強まり、新しい教科書の誕生を期待する声が出てきました。そして、OPIワークショップに関わる出版社から「プロフィシェンシーを基盤とした教科書を、みんな（著者・現場の教師・学習者・編集者等々）で創り出す」ことが提案されたのです。

こういった経緯からもわかるように、『できる日本語』のスタートは「教科書を作ろう→では、どんな教科書にするのか」といった単純な流れではありません。勤務校における実践を分析し、課題を整理しながら、何年もかけて「新しい教科書はどうあるべきか」について考え、方向性を決めていきました。そこには、現場におけるたくさんの対話の積み重ねがあり、新しい日本語教育への熱い思いが込められていたのです。それは、「学習者も教師もわくわくする授業」をめざした現場の挑戦でした。

2.『できる日本語』の理念と特徴

『できる日本語』は、OPIやCEFR（ヨーロッパ言語共通参照枠）をもとにしたプロフィシェンシー（熟達度）重視の教科書です。接触場面で実際に使われている日本語に目を向け、また自分のこと・自分の考えを伝える力を

養うことをめざして作成されました。さらに、学習者とは社会的存在（social agent）であり、学びは単に個人的なものではなく、人・社会との関わりの中で生まれるものであるという考えに基づいて作られました。各レベルの本冊の「本書をお使いになる方へ」には、次のように記されています。

> 「できる日本語」シリーズは、「自分のこと／自分の考えを伝える力」「伝え合う・語り合う日本語力」を身につけることを目的にした教科書です。日本語によるコミュニケーションの中でも「対話力」に重きをおき、人とつながる力を養います。(p.2)

「人・社会とのつながり」は、「できる日本語」シリーズ全体（初級、初中級、中級）に反映されています。学習者の行動が社会とどのように関わっているかを考え、レベル間のつながり、各課にあるトピックやタスクのつながり[3]などを大切にして作成されています。

ここで、『できる日本語』に関して主な八つの特徴を挙げますが、紙幅の都合上、ここでは、(6)と(8)について説明を加えます。その他の項目についてはホームページ「できる日本語ひろば[4]」をご覧ください。

(1) 行動目標（Can-do-statement）が明確である。
(2) 場面・状況を重視し、さらに言語的知識も大切にしている。
(3) 学習者にとって必然性のあるタスクである。
(4) タスク先行（まずチャレンジ！）で進める。
(5) 文脈化を重視している。
(6) 「固まりで話すこと」を重視している。
(7) スパイラル展開を重視している。
(8) 「他者への配慮」のある談話となっている。

(6)「固まり」とは、段落ではなく、羅列文や準段落を意味します。嶋田(2008, p.185)は、準段落とは「段落の萌芽が見えるものの、結束性や一貫性において十分ではないもの」であるとしています。初級レベルでは、こうした「固

まりで話すこと」にはあまり力を入れず、中級になって「段落で話すこと」を意識しはじめるケースが多いのではないでしょうか。『できる日本語』では、初級スタート時から「固まりで話すこと」を大切にし、そうした学びを重ねる中で段落でしっかりと語れる力を養うことをめざしています。

(8)「他者への配慮」については、以下の例をご覧ください。

> A: ビールはまだありますか。
> B: すみません。もうありません。ワインはどうですか。
> A: いいですね。
>
> (『できる日本語 初級』7課、p.132)

これは、「まだあります」「もうありません」の練習ですが、「ビールはまだありますか」「いいえ、もうありません」といった機械的な練習ではなく、「すみません」を挟んだり、他の選択肢を伝えたりする形になっています。こうしたちょっとしたやり取りが「人とつながる」日本語を学ぶ際には、大切な要素になってくると言えます。

3.「つながり」を重視した日本語学習観

既述したように、人・社会とつながることを重視した学習をめざしているのが『できる日本語』です。学習は教室の中だけで起こるのではなく、学習者が触れるさまざまなコミュニティの中で起こるものと言えます。その日本語教育機関と地域社会との「つながり」も重要です。そのことから、教科書ではレベルが上がるにつれ、「外の社会との関係性」は次のように変化していきます。

> 初　　級：自分を取り巻く身近なものが中心である。
> 初中級：自分のこと、身の回りのことから地域社会へと
> 　　　　広がっていく。
> 中　　級：地域社会などから社会一般へとさらに広がっていく。

『できる日本語』には各課の終わりに［できる！］がありますが、これは課のゴールです。学習者は、課のゴールに到達する前に、各トピックにおいて、まずはその場面・状況でどのように言うかチャレンジし、その後、その場面・状況で必然性のある文型・語彙を談話の形で学び、教室で実践します。そして、最後に［できる！］で、一人の日本語使用者(Japanese language user)として人・社会とのつながりを重視した言語活動に挑戦していくのです。

　また、『できる日本語』はレベル間のつながりを重視しています。学習を連続性のあるものと捉え、初級から上級への流れをデザインした上で教科書を作りはじめました。ここでは、例として共通のテーマを「計画」とする3課の各レベルのタイトルと行動目標を記すにとどめます。

表1：各レベルの3課のタイトルと行動目標

レベル	初級	初中級	中級
タイトル	スケジュール	私の目標	時間を生かす
行動目標	これからの生活や周りの人との関係づくりのために、予定を聞いたり身近なことを話したりすることができる。	自分の目標や計画を話したり進路の参考のために周りの人から話を聞いたりすることができる。	これからの自分にとって有意義な過ごし方を考えて、周りの人と生活の工夫や時間の使い方などの情報をやりとりすることができる。

4.「教科書・学習者・教師は素材」という教科書観

　本来、教材は学習者に合わせて作っていくのが理想ではありますが、チームティーチングによる毎日の授業では、教科書がない場合には、授業の引き継ぎや次の授業の組み立て等に課題が出てきます。また、教師にも膨大な時間と労力が求められることになります。そうしたことから、多くの授業では教科書を使って進めることになります。しかし、そこで教科書を絶対視した

り、静的なものと捉えたりすると、実践に問題が生じてきます。教科書は単なる素材であり、実は、学習者も、教師も大切な素材なのです。素材が違えば料理法も違いますし、できあがった料理も違った味になりますが、授業も同じことが言えるのではないでしょうか。つまり、教科書の流れのみに沿って作り込んだ教案に基づいて、ただ授業を進めるのでは、学習者中心の授業にはなりません。

　嶋田（2012）は、「教師の思考を停止させる『文型至上主義』と『教科書至上主義』」について取り上げ、「印刷されたもの、特に教科書は絶対的なものであるという思い込み」（pp.189-190）が教師自身の教育実践の振りかえりを妨げていると説いています。教師が使用している教科書をクリティカルに見ることが重要で、そうすればおのずと適切な使用方法が見えてきます。

　特に、対話で進める『できる日本語』は、学習項目は決まっているものの、学習者の発話、学習者同士のやり取りによって、同じようなレベルの学習者を対象とした授業でも、それぞれ違う味わいの授業となってきます。『できる日本語』には、「練習」である［言ってみよう］にも「☺（ニコニコマーク）＝自分のことを言う」「💭（雲のマーク）＝考えて言う」があり、授業では多様な答えが引き出されます。また、［できる！］は、それぞれの学習者・クラスに合わせて活動を考えるところにおもしろさがあります。

5.「教師はファシリテーター」という日本語教師観

　OPI のマニュアルには、次のように記されています。

> 　学習者が言語運用能力を向上させたいのであれば、教師が取るべき役割は、自分自身を「舞台に上がった賢人」に見立てるような伝統的なものではなく、むしろ、「側に付き添う案内人」というようなものになるはずである。すなわち、教師側からの話を最小限に抑え、学習者が会話に参加する機会を最大限増やすという役割である。OPI ワークショップを受けると、この点が実にはっきりと見えてくる。(p.121)

教育現場では、初級レベルから文法や語彙の説明などをするのが教師の役割だと思い込んでいるケースが多々あります。『できる日本語』では、教師は学習者の学びを支える人という考え方に立って教科書を作り上げました。文法説明を最小限にするには、場面・状況を明確化することが重要です。「こういう場面・状況では、こんな日本語を使うのだ」と、学習者が理解することで、教師の説明は最小限に抑えることができます。例えば、『できる日本語初級』4課「私の国・町」において、次のような会話があります。(p.76)

　　パク：毎日、暑いですね。
　　ワン：そうですね。
　　パク：ペキンは8月、暑いですか。
　　ワン：はい、暑いです。

　ここでは、共感の「ね」が使われています。登場人物が教室の中で汗をかいているイラストを見ながら、「暑いですね」「そうですね」という会話を聞くことで、学習者は「ね」の意味が理解でき、その後何度も会話の中で学ぶことによって自然に使えるようになります。
　教師とは、学習者の持っている力を引き出す人であり、「あっ、そうか。こんなとき、こう言えばいいんだ！」と学習者に気づかせる人であると言えます。すなわち、教師は「引き出し屋」であり、「気づかせ屋」であり、授業の主役は学習者自身であることを忘れてはなりません。

6.「答えは一つではない」という日本語観

　日本の教育全体の課題として「答えは一つ」という考え方に偏りすぎている点が挙げられます。「5＋2＝□」といったことが重視され、ときには「5＋□＝7」といった応用的なことも出てきますが、「□＋□＝7」というタスクがあまりにも少ないのではないでしょうか。三つ目の場合には、さまざまな組み合わせがあり、場合によっては、「0」「－1」も出てきます。たった一つの答えを求める学びだけではなく、いくつもの答えが出てくるような学

びも大切ではないでしょうか。

『できる日本語 わたしのことばノート 初級』から一つ例を挙げてみます。14課「国の習慣」では、次のようなタスクがあります。

□のことばをグループに分けましょう。それから、みんなで話しましょう。

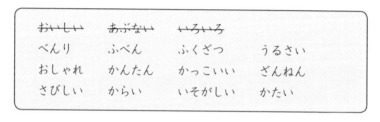

図1：「国の習慣」＜みんなで話そう！＞ (p.53)

　学習者によってことばのイメージの捉え方が違い、このタスクでは学習者間の対話が活発に行われます。例えば「さびしい」ということばを多くの人がマイナスと捉えましたが、ある学習者は「私の趣味は旅行です。ときどき一人で旅行します。さびしいですが、よく考えます。だからいいです」と答えました。また、ある学習者は「べんり」をマイナスと考え、その理由として「便利です。あまり考えませんね。だからよくないです」と意見を述べました。まだ初級レベルではありますが、知っている日本語を使って、ここまで自分の考えを伝えてくれました。このようにことばを多様な側面から捉える姿勢が求められるのではないでしょうか。

7. まとめ：使いながら育てていく教科書

　『できる日本語』を日本語学習観、教科書観、日本語教師観、そして日本語観という視点から見てきました。最後に、教科書との効果的な付き合い方について、二つのポイントを挙げたいと思います。

　　　　教科書を「教える部分」だけを"見る"のではなく、"読む"こと
　　　　　～全体像を理解してはじめて使いこなすことができる！～
　　　　著者の意図を知った上で、教科書から自由になること
　　　　　～答えは一つではなく、学習者に合わせて多様な使い方を！～

　現場では自分が教える箇所だけを見て授業準備をすることが多いのではないでしょうか。教科書は特徴・流れ・コンセプトを理解した上で、全体を読み込むことが大切です。明日の授業をどうするかというミクロの視点だけではなく、マクロの視点で教科書と「対話」をしてみてください。『できる日本語』では、文型・テーマ・できること等がスパイラルに何度も繰り返し、場面・状況を変えて出てきます。全体を通して見ておくと、よりよい実践につながります。

　その上で、教科書という素材を生かしながら創造的に主体的に授業を展開してみてください。そこで重要なのが「教師と学習者／学習者同士」の対話です。また、授業の前後ではクラス担当教師間での対話が重ねられ、クラス、学校の枠組みを超え、多様な対話を実現することによって、「わくわくする授業」が可能になります。教科書は静的なものではなく、学習者や使用する先生たちとともに「育てていくもの」ではないでしょうか。

注
1) 口頭能力評価という観点から、「効果的に」と記載されています。
2) 『マニュアル』とは、『ACTFL-OPI試験官養成マニュアル1999版』を指します。OPIのマニュアルは、2012年に改訂されましたが、新マニュアルの日本語版には、第8章「OPIの意義および教室における応用」が含まれていません。そのことから、本章では1999年版を使用しています。
3) 初級は三つのトピック、初中級は二つのトピックで課が構成されています。中級は初級・初中級と異なる形態であり、各課4種類のタスクで構成されています(「見つけた！」「耳でキャッチ」「こんなときどうする？」「伝えてみよう」)。
4) http://www.dekirunihongo.jp/　著者を中心とした「できる日本語開発・普及プロジェクト」によって作成・運営されているサイトです。

参考文献

嶋田和子(2005).「日本留学試験に対応した日本語学校の新たな取り組み―課題達成能力の育成をめざした教育実践」『日本語教育』126,pp.45-54.日本語教育学会.

嶋田和子(2006).「日本語学校におけるアカデミック・ジャパニーズ―予備教育の新たな取組」門倉正美・筒井洋一・三宅和子編『アカデミック・ジャパニーズの挑戦』pp.55-66.ひつじ書房.

嶋田和子(2008).『目指せ、日本語教師力アップ！―OPIでいきいき授業』ひつじ書房.

嶋田和子(2011).『できる日本語 初級』アルク.

嶋田和子(2012).『できる日本語 わたしのことばノート 初級』凡人社.

嶋田和子(2012).「日本語教師に求められるコミュニケーション教育能力」野田尚史編『日本語教育のためのコミュニケーション研究』pp.187-206,くろしお出版.

ACTFL (1999) ACTFL Oral Proficiency Interview Tester Training Manual. ACTFL. 牧野成一監修・日本語OPI研究会翻訳プロジェクトチーム訳（1999）.『ACTFL-OPI試験官養成用マニュアル』アルク.

Council of Europe (2001) Common European Framework of Reference for Languages: Learning, Teaching, Assessment. Cambridge: Cambridge University Press. 吉島茂他訳・編（2004）『外国語の学習、教授、評価のためのヨーロッパ共通参照枠』朝日出版社.

自己表現活動中心の基礎日本語教育と『NEJ』

教育の企画とリソースとしての教科書

西口光一

1. はじめに

　これまでの初級日本語の教科書は、いずれも多かれ少なかれ文型・文法事項を教育内容の柱とした教育課程でした。そのような教育課程では、教授者の注意と関心は文型・文法事項に向かざるを得ません。そして、80年代以降日本語教育で CLT（Communicative Language Teaching）の運動が始まって、こうした教育の企画や教科書が批判されながらも、新たな具体的な教育企画と教材は提案されませんでした。ここに紹介する自己表現活動中心の基礎日本語教育と " A New Approach to Elementary Japanese "（西口、2012、『NEJ』）は、これまでの初級日本語教育を超える新たな基礎日本語教育をめざす新次元の教育企画と教材です。

　本稿では、教育企画と教材を理解するための主要な点のみについて論じます。教科書の内容等についての詳しい解説は『NEJ指導参考書』（西口、2012）を参照してください。また、言語理論なども含めてより深く知りたい人は、西口（2015）や西口（2013）を参照してください。

2. 自己表現活動中心の基礎日本語教育と『NEJ』

2.1　自己表現活動中心の基礎日本語教育

　日本語教育には学校教育における学習指導要領のようなものはありません。日本語能力試験（国際交流基金と日本国際教育支援協会が運営）が一定の目安になるという見方もありますが、必ずしも専門家の見解はそのようには一致していません。近年では CEFR（ヨーロッパ共通参照枠、Common

European Framework of Reference) が広く普及し、その能力記述に準じて教育企画や教材開発を進める例も増えています。本書で紹介されている『まるごと 日本のことばと文化』（国際交流基金）はその一例です。

　学習指導要領のようなものがない日本語教育では、教科書が作成されるとそれはそのまま特定の教育企画の提案となります。つまり、本来は特定の教育企画があってそれが論じられ説明された上で教科書があるはずなのですが、日本語教育ではたいてい教育企画についての議論なしにいきなり教科書が世に出ます。このように教育企画についての議論が公表されないため、教科書だけが「一人歩き」するという状況がずっと続いてきました。これに対し、自己表現活動中心の基礎日本語教育（以下、本文では自己表現の基礎日本語教育と略す）は、次項で論じるように、CEFRの記述の特定部分に注目して立案された基礎段階の教育の企画です。

2.2　自己表現活動中心の基礎日本語教育の特徴

　従来、第二言語教育の企画については、「文型・文法事項と基礎語彙に基づく四技能の基礎の養成」か「実用的なコミュニケーション能力の養成」かという二項対立で議論がされてきました。後者の実用的なコミュニケーション能力というのは、「誘う」「誘いを断る」「ものを頼む」「許可を求める」「ものを借りる」「使い方や作り方などを教える」などの機能的な言語コミュニケーションです。しかし、人は実用的な用を足すコミュニケーションばかりするわけではありません。むしろ、自分のことや自分の周りの出来事や人などについて話す社交的なコミュニケーションが人々が行うコミュニケーションの重要な部分を占めています。2001年に公表されたCEFRの記述を見ると、Aレベル（基礎レベル）の部分でそのような社交的コミュニケーションが明確に記述されています。以下の太字の部分です。

全体的な尺度（Global Scale）
A1：具体的な欲求を満足させるための、よく使われる日常的表現や基本的な言い回しは理解し、用いることもできる。**自分や他の人を紹介することができ、どこに住んでいるか、誰と知り合いか、何を持っているかなどの個人的な情報**について、質問をしたり、答えたりすることができる。相手がゆっくり、はっきり話して、助け船を出してくれるなら簡単なやり取りをすることができる。

A2：個人の存在や生活で最も身近で関連のある領域（ごく基本的な個人的情報や家族情報、買い物、近所の様子、仕事のことなど）に関連してよく使われる文や表現が理解できる。**身近で日常的な事柄についての簡単で直接的な情報交換**が期待される、簡単で日常的に繰り返し行われるコミュニケーションに従事することができる。**自分の背景や身のまわりの状況や様子や身近で起こっている事柄などの一部を簡単な言葉で説明できる。**

自分の話をする（Sustained Monologue: Describing Experience）
A1：　**自分自身のこと、何をしているか、どこに住んでいるか**を言うことができる。
A2.1：**家族、住まい、学歴、現在及び最近の仕事**について話すことができる。**人、場所、持ち物**を簡単な言葉で言うことができる。
A2.2：事柄を列挙するような形で話をしたり、叙述したりすることができる。自分の身辺の日常的な側面、例えば、**人、場所、仕事や勉学の経験**などについて話すことができる。**出来事やしたことや経験について基本的なことを短く話すことができる。計画と予定、習慣と日常生活、過去にしたことや経験したことについて話すこと**ができる。簡単で短い表現を用いて、**事物や持ち物**について少し話したり比較したりできる。**何が好きで、何が好きでないかを言うことができる。**
注）A2.1 と A2.2 は、A2 内の下位分類である。A2.1 が A2 の前半、A2.2 が A2 の後半のレベルとなる。

(Council of Europe, 2001, p.24 and p.59、筆者訳、強調も筆者)

自己表現の基礎日本語教育は、このような CEFR の記述に準じる形で、自己表現活動を教育内容として、さまざまなテーマについて産出・解釈・相互行為ができるようになることを主要なねらいとして立案された教育課程です。このように自己表現の基礎日本語教育は、これまでのような言語事項中心の教育企画ではなく、テーマ中心の教育企画となっています。一方で、言語事項は扱わないということではなく、副次的な教育のねらいとして、テーマの言語活動に従属する形で系統的で体系的に扱います。自己表現の基礎日本語教育のねらいを概略的に記述すると以下のようになります。

　コース終了時に学習者は、
(1) 基礎的な自己表現活動のさまざまなテーマについて表出・解釈・相互行為の口頭言語活動が比較的流暢にできる。
(2) (1)に付随する形で書記言語技量の基礎を習得する。より具体的には、(1)の言語活動を反映したテクストを漢字仮名交じりの形で一定程度読み書きができる。(学習漢字は 300 字)
(3) (1)の言語活動を運営する発話の中で基本的な文型・文法事項や基礎的な語彙を適正に運用することができる。

　より具体的な教育内容については『NEJ 指導参考書』にある『NEJ』の「教育内容の概要」(西口, 2012, p.47)を参照してください。同資料を見ると、テーマの言語活動と文型・文法事項と語彙との関係もわかります。また、同書では、『NEJ』を活用した教育の実践方法について詳しく説明しています。

2.3 『NEJ』

　教育の構想者がめざすのは、学習者を特定の教育成果へと着実に導くことができる教育実践の創造です。言うまでもなく、それは教育の構想者一人でできることではなく、優れた企画とよく工夫された教材が用意された上で、学習者による主体的な学びと、学習者を適切に導いて創造的に指導を展開する優れた教授者による具体的な教育実践が行われてこそ実現することです。自己表現の基礎日本語教育はこれまでの基礎(初級)日本語教育に代わる新

たな教育の提案であり、『NEJ』はその企画の下で学習活動と教育実践を支える主要なリソースとして開発されたものです。

3. 言語観と言語習得観

3.1 ことばのジャンル

　自己表現の基礎日本語教育の企画の背景にある言語観は、バフチンの対話原理です。対話原理では、ソシュールのラングの言語観や Canale and Swain（1980）や Canale（1983）のコミュニカティブ・コンピテンスのように言語の知識やコミュニケーションの能力を抽象的に捉えるのではなく、人間のことば行為である発話やディスコースを、人間が生きること（life）を営む活動とそこでのことば行為を連動する現象として捉えます。その一方で、個別的で具体的なことば行為を、当該の行為の具体状況と同種の活動の社会文化史的な沈殿との融合と捉えます。歴史的に繰り返し行われてきた活動と連動して行使されてきたことばが沈殿したものをことばのジャンルと呼びます。

> 　人間のさまざまな活動領域のすべてが、言語の行使とむすびついている。…これらの発話は、それぞれの活動領域の特殊な条件と目的を、…なによりもまず、〔発話の〕構成に反映しているのである。…個々の発話は、もちろん、どれも個性的なものだが、しかし言語の行使のどの領域も、われわれが**ことばのジャンル**と呼ぶところの、**発話の相対的に安定した諸タイプ**をつくり上げているのである。（バフチン, 1988, pp.115-116; 西口, 2013, p.82、引用中のゴチックによる強調は原著、以下同様）

　ことばのジャンルには、社会文化史を経て形づくられた客体性の面と、行為をことば行為として外在化する際に援用される社会文化的リソースの側面があります。上の引用では前者の面について論じています。そして、下の引用では後者の側面について論じています。

われわれは一定のことばのジャンルでもって話す。つまり、われわれの発話はすべて、〔発話の〕全体を構築するための比較的に安定した一定の定型的形式をもつ。われわれは話しことば（ならびに書きことば）のジャンルの豊かなレパートリーをもつのである。われわれは、実践的にはことばのジャンルを確信をもって巧みに使い分けているけれども、理論的にはことばのジャンルの存在について何も知らずに済ますこともできる。…われわれは多様なジャンルで話していながら、それらのジャンルの存在には少しも疑問を抱かない。…われわれは、自分のことばをジャンル形式の鋳型に注入することをまなぶ。そして、他人のことばを耳にするとき、はじめの数語でもってそのジャンルを予測し、その一定の容量（つまりことば全体のおおよその長さ）、一定の構成を予測し、その結末の見当をつける。（バフチン, 1988, pp.148-149; 西口, 2013, pp.89-90）

　ただし、ことばのジャンルといっても、自己表現の基礎日本語教育では、コミュニカティブ・アプローチで扱われる「誘う」や「ものを頼む」などの実用的なコミュニケーションの場面でどのような言語表現をするかに注目するのではなく、2.2で論じたようにむしろ社交的コミュニケーションでの言語表現法に注目します。つまり、社交的コミュニケーションにおいて自己（self）に形を与えることば、すなわち「人格としての声（voice）、意識としての声」（西口, 2013, p.103）の獲得に焦点を置きます。

3.2　言語の習得

　言語観の中心的な視座としてことばのジャンルを措定すると、言語習得観はおのずと、実際の他者との社会的相互行為に参加することを通して発話の構築法を自身のものとして獲得するという見解になります。こうした現象は一般に、専有（appropriation、バフチン, 1996, pp.67-68; 西口, 2015, p.32）と呼ばれます。以下の一節では、ことばのジャンルの専有とともに、その言語心理過程の中での語彙と文法などの言語の形式の位置が併せて論じられています。

われわれが母国語 ―その語彙と文法組織― を知るのは、辞書と
　文法書によってではなく、周囲の人たちとの生きた言語コミュニ
　ケーションの中で、われわれが耳にし、また自らも再現する生きた
　具体的な発話によってなのである。言語の形式(ラング)をわれわれは、もっ
　ぱら発話のかたちで、しかも発話の形式とともに獲得する。言語の
　形式と発話の類型的形式つまりことばのジャンルとは、一緒に、そ
　れも互いに緊密にむすびついたかたちで、われわれに経験され意
　識される。話すことを習うことは、発話の構築法を習うことなの
　である（なぜなら、われわれは発話によって話すわけで、個々の文
　や語によって話すのではないから）。(バフチン, 1988, p.149; 西口,
　2013, p.90)

　言うまでもなく、第二言語学習者は各自の第一言語の発達を通して声の獲得やイデオロギー的形成をすでに一定水準まで達成しています。ですから、第二言語の習得を第一言語の発達とまったく同列に並べることはできません。そのような事情を考えると、第二言語の習得は、第二言語による新たな声の獲得とその獲得過程を通した複言語話者としての高度なイデオロギー的形成の過程と捉えるのが適当でしょう。

4. 教育方略 ― マスターテクスト・アプローチ

4.1　ユニットの主要リソースとしてのマスターテクスト

　自己表現の基礎日本語教育の各ユニットでは、自己表現活動に関する特定のテーマが扱われます。各ユニットでは当該のテーマについて、自身の話ができて、相手の話も聞くことができて、そのような話題についての会話に参加できるようになることをめざして教育が実践されます。そのような教育実践を支援する重要なリソースとして、『NEJ』ではマスターテクストと呼ばれるナラティブを用意しています。『NEJ』では、リさんとあきおさんと西山先生という3人の人物が登場します。そして、この3人が各ユニットでテーマについて自身の話をします。それがマスターテクストです。

マスターテクストには、何についてどのように話すかのモデルを示す機能と、そこから自身の話を作るための言葉遣いを借用するという表現方法の参照先の機能があります。前者の機能によって学習者は、当該のユニットでどのようなパフォーマンスが求められているかを知ることができます。そして、後者の機能を通してマスターテクストは学習者がそのテーマについて自身のディスコースを構築する際のモデルや参照先として直接的に重要な学習リソースとなります。このようなリソースを活用した授業実践を通して学習者が発話の構築法を専有することが期待されています。そのための具体的な教授方略が次項で論じるパワーポイントを使った紙芝居（PPTカミシバイ）です。

4.2　PPTカミシバイ

『NEJ指導参考書』（西口, 2012）には、『NEJ』で使われているイラストがすべてCD-ROMに収められています。PPTカミシバイは、そのイラストを使ってナラティブ（マスターテクスト）の話に沿って作成したPPTのカミシバイ教材です。

　PPTカミシバイは、理解活動、模倣活動、質疑・応答活動、質問・答え活動という四つのステップで実施されます。この四つのステップは学習者に当該のテーマに関する日本語の言葉遣いの基礎を涵養するためのものです。その詳細については、西口（2015）のpp.111-113をご覧ください。

5.　結びに代えて
── 教科書観、日本語教師観、日本語観

　最後に、教科書観、日本語教師観、日本語観について論じます。いずれのテーマも本稿の議論から敷衍することができます。

　2.1でも述べたように、「教科書を作成する」というのはすでに論理矛盾があります。本来は、教育の企画があって、その企画に基づく教育実践を実現するための主要なリソースとして教科書が作成されるというのが筋です。また、教育の企画の背景には、教育内容の捉え方や言語観や言語習得観などが

本来あるはずで、教育の企画者・教材作成者がそうしたことを明示するべきだと思います。教育の企画と教科書とそれらの背後にある言語観と言語習得観は本来三位一体のものでしょう。

　優れた教育実践を創造するためには、教育企画・教科書と教育を実践する教師は本質的に協働関係になければなりません。つまり、両者の協働によってこそ優れた教育を実践することができ、所期の成果をもたらすことができるということです。そのようなことを考えると、教育企画と教科書は、学習者に日本語習得の経路とその経路を着実に進むためのリソースを提供し、教師がそのような経路で学習者を有効に支援する活躍の舞台とリソースを提供するものであるように思います。学習者が自力でも相当程度学習を進めることができ、教師にのびのびと活躍する舞台を提供してこそ、優れた教育企画と教科書であり、それでこそ優れた教育成果につながるのだと思います。そして、そのような協働関係を結ぶためには、教師は専門職として高度な言語観や言語習得観を豊かに育んでおくことが必要です。

　最後に、日本語についてです。いずれの言語の場合でも同じように、日本語というものは広大な領野をもっています。その広大な領野のいずれの領域でも通用する日本語力を養成するというのは不可能でしょう。日本語力の全体像を把握して記述することもできません。ですから、基礎段階の教育の企画にあたっては、基盤的な能力として何を学習者に習得させるかをよく検討して、言語活動に従事できる領域を徐々に拡張していくという形で堅実に日本語力を養成していく見取り図を描くことが重要です。つまり、重要なのは学習者のニーズを直截に反映した企画ではなく、重要なニーズに対応できる日本語技量を堅実に伸ばしていくことだ、ということです。

参考文献
西口光一(2012).『NEJ：テーマで学ぶ基礎日本語 指導参考書』くろしお出版.
西口光一(2013).『第二言語教育におけるバフチン的視点 ― 第二言語教育学の基盤として』くろしお出版.
西口光一(2015).『対話原理と第二言語の習得と教育 ― 第二言語教育におけるバフチ

ン的アプローチ』くろしお出版.

ミハイル・バフチン、北岡誠司訳（1980）『言語と文化の記号論 ― マルクス主義と言語の哲学 ―』新時代社

ミハイル・バフチン、佐々木寛訳（1988）「ことばのジャンル」『ことば　対話　テキスト』ミハイル・バフチン著、新谷敬三郎他訳 新時代社

ミハイル・バフチン、伊東一郎訳（1996）『小説の言葉』平凡社

Canale, M. (1983) From communicative competence to language pedagogy. In Richards, J. C. & Schmit, R. W. (eds.), *Language and Communication*. London: Longman.

Canale, M. and Swain, M. (1980). Theoretical bases of communicative approaches to second language teaching and testing. *Applied Linguistics 1*, 1-47.

Council of Europe (2001). *Common European Framework of Reference for Languages: Learning, Teaching, Assessment*. Cambridge: Cambridge University Press. 吉島茂他訳・編（2004）『外国語の学習、教授、評価のためのヨーロッパ共通参照枠』朝日出版社.

『まるごと 日本のことばと文化』

相互理解のための
日本語をめざすコースブック

八田直美

1.『まるごと』の開発理念

　『まるごと　日本のことばと文化』(『まるごと』) は、「入門 A1」から「中級2 B1」まで、6レベル9冊のシリーズで刊行されているコースブックです。

　『まるごと』の開発理念は、一言で言うと、「相互理解のための日本語」です。『まるごと』を開発した国際交流基金は、日本と海外諸国との国際的な文化交流を推進する独立行政法人です。その活動の一環として、海外の日本語教育支援を行っていますが、その中でJF日本語教育スタンダード[1](JFS)という、日本語の教え方、学び方、学習成果の評価のための参照資料を開発しました。そして、JFSに準拠するコースブックとして『まるごと』が作られました。「相互理解のための日本語」は、JFSがめざすものでもあるのです。

　「相互理解のための日本語」とは、日本語を学ぶ人が、ことばと文化を通して、「他者(ひと)について知る、他者(ひと)の存在を認める、他者(ひと)との関係を作る」ことです。そして、日本語教育の中で相互理解を実現するためには、日本語による課題遂行能力と、日本文化に触れながら自文化も含めて文化を相対的に見る、異文化理解能力を育てることが必要だと考えています。

　『まるごと』の対象は趣味や教養のために日本語を学ぶ社会人で、国際交流基金が各国で提供している日本語講座[2]のようなコースを想定しています。日本語の授業が、互いの存在を認め、学び合い、みんなで楽しむ場、学習コミュニティになることをめざしています。学習者も、『まるごと』の登場人物の会話や紙上の交流場面に参加している、そんなイメージを持って『まるごと』を開発しました。

2.『まるごと』とJF日本語教育スタンダード

JFS に準拠して開発された『まるごと』は、JFS が掲げる言語観、言語学習観を特徴としています。それは、次の5点に表れています。

2.1　言語熟達度によるレベル設定

JFS は、日本語能力の上達を大きく3段階、さらにそのそれぞれを上下に分けて、合計6段階で考えています。これは、文型や語彙などの言語知識を基準に言語能力を考えるのではなく、日本語を使って何が、どのようにできるかという言語熟達度に基づく考え方です。3段階は、「基礎的な言語使用者」「自立した言語使用者」「熟達した言語使用者」と名づけています。これは、JFSの開発にあたって参考にしたヨーロッパのCEFR[3]と共通のものです（表1参照）。このことによって、CEFRに準拠している他の外国語講座や教科書のレベル表示とも照合することができます[4]。

表1：CEFR 共通参照レベル：全体的な尺度

熟達した言語使用者	C2	・聞いたり、読んだりしたほぼすべてのものを容易に理解することができる。 ・いろいろな話し言葉や書き言葉から得た情報をまとめ、根拠も論点も一貫した方法で再構成できる。自然に、流暢かつ正確に自己表現ができ、非常に複雑な状況でも細かい意味の違い、区別を表現できる。
	C1	・いろいろな種類の高度な内容のかなり長いテクストを理解することができ、含意を把握できる。 ・言葉を探しているという印象を与えずに、流暢に、また自然に自己表現ができる。 ・社会的、学問的、職業上の目的に応じた、柔軟な、しかも効果的な言葉遣いができる。 ・複雑な話題について明確で、しっかりとした構成の、詳細なテクストを作ることができる。その際テクストを構成する字句や接続表現、結束表現の用法をマスターしていることがうかがえる。

自立的な言語使用者	B2	・自分の専門分野の技術的な議論も含めて、抽象的かつ具体的な話題の複雑なテクストの主要な内容を理解できる。 ・お互いに緊張しないで母語話者とのやり取りができるくらい流暢かつ自然である。 ・かなり広範な範囲の話題について、明確で詳細なテクストを作ることができ、さまざまな選択肢について長所や短所を示しながら自己の視点を説明できる。
	B1	・仕事、学校、娯楽で普段出合うような身近な話題について、標準的な話し方であれば主要点を理解できる。 ・その言葉が話されている地域を旅行しているときに起こりそうな、たいていの事態に対処することができる。 ・身近で個人的にも関心のある話題について、単純な方法で結びつけられた、脈絡のあるテクストを作ることができる。経験、出来事、夢、希望、野心を説明し、意見や計画の理由、説明を短く述べることができる。
基礎的な言語使用者	A2	・ごく基本的な個人的情報や家族情報、買い物、近所、仕事など、直接的関係がある領域に関する、よく使われる文や表現が理解できる。 ・簡単で日常的な範囲なら、身近で日常の事柄についての情報交換に応ずることができる。 ・自分の背景や身の回りの状況や、直接的必要性のある領域の事柄を簡単な言葉で説明できる。
	A1	・具体的な欲求を満足させるための、よく使われる日常的表現と基本的な言い回しは理解し、用いることもできる。 ・自分や他人を紹介することができ、どこに住んでいるか、誰と知り合いか、持ち物などの個人的情報について、質問したり、答えたりできる。 ・もし、相手がゆっくり、はっきりと話して、助け船を出してくれるなら簡単なやりとりをすることができる。

Council of Europe (2004) 吉島・大橋訳, p.25

『まるごと』の開発で明確になったことの一つにA1レベル[5]の存在があります。従来、日本国内で集中的に行われる日本語教育では、初期に通りすぎてしまってあまり意識されなかったレベルではないかと思います。話しかけられたらなんとか理解でき、答えになるものを指さしたり、定型表現や単語レベルでなら応答できるというレベルです。単語を入れ替えて文型を使いこなしたり異なる話題や場面には対応できませんが、自分のことや習ったことなら言えます。海外で週1回程度ゆっくり学ぶ学習者は、長くこのような段階にあります。こうしたレベルを「まだ何もできない」と考えるのではなく、「何かができる」と目標にしたり評価したりすることで学習者の意欲を高めたり気軽に日本語学習を始められるのではないかと考え、前述のような、従来なら限定的な達成と評価される活動を目標として取り上げました。

　Bレベルは、自立的な言語使用者のレベルと捉えます。このレベルでは、実生活で使われるコントロールされていない生の日本語に接したとき、大事なポイントを理解したり、まとまりのある話をしたりします。また、それを実現するために、さまざまなストラテジーを積極的に使用します。『まるごと』では、実生活で接する生の日本語に立ち向かう態度を養い、さまざまなストラテジーを意識化しながら、理解できる日本語を使える日本語にしていく学習を進めていきます。このような言語使用や能力観、レベル観で作られた『まるごと』は、文型や単語の知識を増やし、学んだことの範囲でわかる・できることをめざす、従来の日本語教育とは異なる立場をとっています。

2.2　課題遂行 (Can-do) による学習目標

　JFSでは、課題遂行能力をコミュニケーション言語活動とコミュニケーション言語能力という二つの概念で表します。コミュニケーション言語活動とは、「聞く・読む」の受容、「話す・書く」の産出、口頭・文字のやり取りの六つの技能と前述の六つのレベルに分類された具体的な課題です。その課題がどのように達成できるかをCan-do（…ができる）文で記述し、それぞれのCan-doの実現を可能にする言語項目（音声や文字、文法、談話、社会言語的要素など）であるコミュニケーション言語能力と関連づけて考えます。この関係を木にたとえ示したのが図1です。JFSの木には、技能や方

略などの枝があり、その先にさまざまなコミュニケーション言語活動があります。一方、根のコミュニケーション言語能力も、言語構造などの能力に枝分かれしていて、個々のコミュニケーション言語活動は、それぞれの実現に必要な個別のコミュニケーション言語能力とつながっていると考えます。

『まるごと』では、学習目標をこの Can-do で示しています。学習者は、学習を始めた初日から日本語でできることが実感できるようになっています。

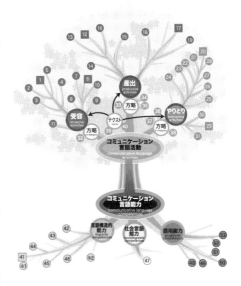

図1：JFスタンダードの木
(JF日本語教育スタンダード：https://jfstandard.jp/)

2.3　JFSのトピック

『まるごと』の Can-do で取り上げる内容や場面は、JFS で提示している 15 のトピックの枠の中に位置づけられています。異なるレベルに、共通のトピックがあり、トピックの内容を軸に、場面や機能、使用言語形式の異なる Can-do が展開されていきます。『まるごと』の各レベル（巻）で取り上げたトピックは、表2の通りです。同じトピックでも、レベルが上がるにつれて活動が複雑化したり、扱うテキストの量が増えたりして発展していきます。

表2:『まるごと』の各レベルのトピック

トピック \ レベル(巻)	入門 A1	初級1 A2	初級2 A2	初中級 A2/B1	中級1 B1	中級2 B1
1 自分と家族	●	●	●	●	●	
2 住まいと環境	●			●		
3 自由時間と娯楽	●	●	(●)	●	●	●
4 生活と人生	●		●	●		
5 仕事と職業		●	●	●		
6 旅行と交通	●	●	●	●	●	●
7 健康		●				●
8 買い物	●		●			●
9 食生活	●	●	●	●	●	
10 自然と環境		●				
11 人とのつきあい	●	●	(●)	●		●
12 学校と教育	●	(●)		●		
13 言語と文化	●	●	●	●	●	●
14 社会						●
15 科学技術					●	

2.4 異文化理解

　今では、海外の日本語学習者も、現地にある日本関連のコミュニティと交流したり、旅行や出張など短期間の日本訪問を経験したりする機会が増え、以前より日本に直接触れることができるようになりました。また、インターネットを通して、日本語以外の言語でも、日本についてさまざまな情報が入手できるようになりました。『まるごと』では、こうした環境や経験を生かし、学習者が日本について「知る→興味を持つ→行動する」ことを通して豊かな

文化体験ができるよう配慮しています。『まるごと』が考える異文化理解能力の育成とは、「さまざまな文化に触れることで視野を広げ、他者の文化を理解し、尊重すること」「日本語を使って、相互の考えを受けとめながら柔軟にコミュニケーションできるようになること」「他者との関係を構築するためにコミュニケーションできること」です。そして、そのために各レベルで次のようなパートを設けています。

(1)「生活と文化」(入門 A1、初級 1・2 A2) ＜かつどう＞[6]
　Aレベルでは、写真を使って具体的なことや目に見える事柄を扱います。日本についての知識を増やすだけでなく、自国の現状や自分自身の行動と比較し、その背後にある考え方や価値観にも目を向けます。

(2)「ことばと文化」(初級 1・2 A2) ＜りかい＞、(初中級A2/B1)
　初対面の話題やほめへの対応、誤りの指摘などを取り上げ、ことばの使い方の背景にある文化（いつ、何について、どのように話すか）を考えます。正しい答えがあってそれを知るのではなく、なぜそうするのか、自分自身は母語や他の言語でどう話しているかを考えることに重点を置きます。

(3)「教室の外へ」(中級 1・2 B1)
　各課のトピックで取り上げた内容についてインターネットを使って調べたり、SNSや地域の日本語コミュニティで日本語を使ったり、日本関係のイベントなどで実際に日本文化を体験したりするアイディアを紹介しています。

　いずれも、学習者が自分の経験や考えをクラスで話すことで、同じ文化の中にいる人にも多様性があることにも気づくことを促します。また、このような特別なパートだけで文化を扱っているのではなく、テキストの中に入り込んださまざまな文化を、学習者が学びながら楽しんだり考えたりしてほしいと考えています。そして、教師には、文化に対する学習者の気づきを促す役割を果たすことを期待しています。

2.5　ポートフォリオ

『まるごと』では、学習者の自律的な学習を支援するためにポートフォリオの活用を提案しています。

ポートフォリオには、学習者一人ひとりが①学習目標（Can-do や日本語）の達成度を記した評価表やテスト類、②作文やカードなどの授業での作品や学習成果、③教室の内外での言語的・文化的体験の記録の 3 種類の資料を保存します。これによって、学習者が自分の学習の進み方を目で確認することを期待しています。また、コース中に他の学習者と内容を見せ合うことで、さまざまな学習方法や文化的な活動とその感想に触れ、自身の学習や文化に対して刺激を受けたり内省を深めたりすることもできます。

コースに参加して学習している間はもちろん、修了後や他のコースに移ってからもポートフォリオの記録を続けることで、生涯学習としての日本語学習を自己管理することも可能になります。

3. コースブックとしての『まるごと』

『まるごと』の教科書観は、コースブックという位置づけに表れています。コースブックとは、想定するコースデザイン、つまり教育・学習だけでなく、目標から評価までを明示的、かつ具体的に示したものです。『まるごと』では、コースに欠かせない目標や評価、特に評価の時期や方法、その基準やサンプルも合わせて提示しています。また、コースや学習者の多様性に対応し、以下のように、複数の種類のコースで使用できる構成になっています。

「入門 A1」から「初級 2 A2」までの 3 レベルは、＜かつどう＞と＜りかい＞の 2 冊の主教材から成っています。それぞれ、表 3 のような目的や学習過程の特徴があります。海外の成人学習者の傾向として、軽い気持ちで日本語を学んでみたい、すぐ話したい、何かできるという達成感を得たい人もいれば、文字や文型をじっくり学びたい人もいます。日本語をすぐ使いたい人のクラスでは、＜かつどう＞だけでも学べます。ある程度話すことはできるが、改めて文字や文法をきちんと学んでみたいという人なら、＜りか

い＞だけを使うコースも可能です。時間をかけて上のレベルまで学習したい人のコースでは、＜かつどう＞、＜りかい＞の順での2冊併用を勧めます。その理由は、表3のように＜かつどう＞が課題遂行を目的とし、第二言語習得の流れに沿って作られており、＜りかい＞が言語能力（文字や文法）に焦点を当てているからです。このような使い方が可能なのは、2冊が取り上げるトピックや文型・文法項目が重なっていて相互補完的に作られているからです。

「中級1・2 B1」では、各課（トピック）は表4のような構成になっています。全体を通してトピックベースの技能統合型のコース設計になっていますが、Part 1～3を使用して「聞く・話す」コース、Part 4、5を使用して「読む・書く」コースを行ったり、各課のモジュール性が高く、切り離して使用できるので、授業時間や学習者の興味・関心などに合わせて、いくつかの課を選んで使ったりすることもできます。

表3：＜かつどう＞＜りかい＞の二つの主教材の目的と学習

	＜かつどう＞	＜りかい＞
目的	コミュニケーション上の課題達成のために学ぶ。	コミュニケーションのためにことばの仕組みや体系を学ぶ。
学習過程・特徴	・帰納的学習：用例を観察し、ルールを発見する。 ・音声重視：自然な会話をたくさん聞いてから話す。 ・音声は文字に先行する。 ・協働学習：日本語も文化も、ペア、グループ、クラスなどさまざまな形態で学ぶ。 ・視覚的情報：写真、イラストが豊富。	・演繹的学習：規則を提示し、適用する。 ・コミュニケーションのための文法・文型を体系的に学ぶ。 ・トピック、場面を明確にし、文法・文型の練習が文脈化されている。 ・音声重視：音声によって練習の解答を確認する。 ・漢字学習：語単位の読み中心 ・コミュニカティブな読解タスク ・手書きの作文で文字を練習する。
流れ	聴解→気づく→話す	語→文字→文法・会話→読解・作文

表4:「中級1、2 (B1)」の各課 (トピック) の構成と概要

扉／準備	学習するトピックに興味を持ち、これからの学習のイメージを膨らませる。
Part 1　聞いてわかる	トピックに関係のあるいろいろな話を聞いて、だいたいの内容を理解したり、知りたい情報を聞き取ったりする。
Part 2　会話する	二人以上で、情報を交換したり、考えやコメントを言い合ったり、経験や感想を共有したりする。
Part 3　長く話す	会話の中で、まとまりのある、少しくわしい話をする。
Part 4　読んでわかる	海外でも読む可能性のある素材を使って、だいたいの内容を理解したり、必要な情報を見つけたりする。
Part 5　書く	海外の学習者が日本語を使って書く可能性がある場面や目的でコンピューターやスマホなどを使って入力する。
教室の外へ	学習した日本語を教室の外で使ったり、トピックに関係した日本文化についてもっとくわしく調べたりして、自分から積極的に知識や経験を増やす。

4.『まるごと』を使って教える教師の役割

　『まるごと』の教師観は、公式ポータルサイトに掲載している授業紹介動画に具体的に表れています。『まるごと』は、授業が学習者同士の交流の場になることや、大人が持つ知識や経験、認知能力を生かして学ぶことをめざしているため、レベルや必要に応じて母語や媒介語を使うことを勧めています。これは、『まるごと』が海外の日本語教育を想定していて、多くの場合、教師と学習者が共通の母語や媒介語を持っていることで可能になることです。学習者の母語が多様な場合や、教師が媒介語を使えないときは、その言語が話せる教師や上級の学習者などに協力を求めるなどの他の方法を検討するとよいでしょう。

　しかし、母語でもそれ以外の媒介語でも、教師が話しすぎて学習者が日本語を観察したり考えたりする機会を奪ってしまうことは避けるべきだと考え

ます。教師の重要な役割は学習者に日本語のインプットや日本語でのコミュニケーションの機会を提供することですから、日本語でできることはできるだけ日本語で行うことも大切なことです。それぞれの現場の環境や状況に合わせて、効果的な母語・媒介語の使用を検討するといいと思います。

注
1) http://jfstandard.jp/ を参照
2) https://www.jpf.go.jp/j/project/japanese/education/jf/ を参照
3) ヨーロッパ言語共通参照枠 (Common European Framework of Reference for Languages: Learning, teaching, assessment) の略称
4) 1でも述べたように、『まるごと』はB1レベルまでである。B2レベル以降を開発しなかった理由は、第2部第6章の質問5を参照
5) 2018年2月、CEFRにはA1レベルの下にPre A1レベルが追加された。
6) 『まるごと』には、＜かつどう＞と＜りかい＞の2冊の主教材がある。詳しくは3節を参照

参考文献と参考サイト
国際交流基金 (2013-2017) .『まるごと　日本のことばと文化』(入門 A1)＜かつどう＞, (同)＜りかい＞, (初級 1 A2)＜かつどう＞, (同)＜りかい＞, (初級 2 A2)＜かつどう＞, (同)＜りかい＞, (初中級 A2/B1), (中級 1 B1), (中級 2 B1), 三修社.
JF日本語教育スタンダード　http://jfstandard.jp/
『まるごと　日本のことばと文化』公式ポータルサイト https://www.marugoto.org/
　　授業紹介動画　https://www.marugoto.org/teacher/movie/
Council of Europe (2004).『外国語の学習、教授、評価のためのヨーロッパ共通参照枠』吉島茂・大橋理恵 (訳・編), 朝日出版社.

(掲載したサイトの最終参照日は、すべて2018年2月28日)

第2部：7つの質問

それぞれの教科書の著者らに共通の質問をぶつけました。その回答を通して、その言語観、言語教育観、コミュニケーション観、教科書観などをより深く知ることができます。

質問1　＜環境＞
　　教室で学習者が教科書を使って学ぶ日本語と、教室の外の日本語との関係について、どうあるべきだと考えていますか。教科書の内容と、教室の外の日本語との関係をどのように捉えていますか。

質問2　＜弱み＞
　　自分の教科書の弱みは何であると考えていますか。それをどのように克服することができますか。

質問3　＜理論＞
　　第二言語習得理論や学習理論を教科書に反映させるべきでしょうか。もし反映させるべきであるならば、自分の教科書にどのように反映させていますか。

質問4　＜将来＞
　　現在も新しい日本語の教科書が開発されつづけています。日本語教師はこのような現状とどのように対峙することが大切であると考えますか。また、これからの日本語教科書はどのようなものをめざすべきでしょうか。

質問5　＜接続＞
　　上級までカバーしていない教科書を使うと、学習の途中で教科書を変えないといけません。教科書は上級まで一貫して作成されるべきではないでしょうか。なぜ、そうなっていないのでしょうか。また、現状、途中で教科書を変える場合、どうしたらよいでしょうか。

質問6 ＜効果＞
　教育効果は、対象者、目的によって異なりますが、例えば、初級の学習者で将来日本の大学に進学するかもしれないという対象者に日本語ネイティブの教師が教えることを想定した場合、効果的な教科書の要件は何でしょうか。また、今後、日本語の教科書が果たす役割は変化するのでしょうか。変化するならば、どのように変化すると考えますか。

質問7 ＜汎用性＞
　日本語教師は必ずしも教授テクニックに優れた人ばかりではありません。日本語教育機関には常に新人がいます。経験の浅い教師でも使える教科書とはどのようなものでしょうか。また、理想の日本語教師像とはどのようなものでしょうか。

『Situational Functional Japanese』

7つの質問

加納千恵子

質問1 <環境>
教室で学習者が教科書を使って学ぶ日本語と、教室の外の日本語との関係について、どうあるべきだと考えていますか。教科書の内容と、教室の外の日本語との関係をどのように捉えていますか。

　日本に来て学ぶ学習者や日本に来ることを想定している学習者のためには、できるだけ教室の外の本物の日本語を見せるべきだと思います。これは隠そうとしてもすぐにわかってしまい、「教室で習う日本語は外で使われている日本語と違う！」と思われると、学習者の学習動機を下げることになるからです。『SFJ』作成にあたっては、実際に使われている自然な日本語、「本物」を示すことを心がけました。そのため、本課に入る前のプリセッションで、「行く？」「行くよ。」「行ったの？」「行かなかった。」「行きますか？」「行きません。」のように限られた語彙を使って、カジュアル／フォーマル、過去／非過去、肯定／否定などの聞き分け練習を行います。先生たちからは、音声のスピードが速すぎるとよく言われますが、実際にクラスで音声を聞きながら、Tシャツの絵とネクタイの絵のカード、PastとNon-pastのカード、○と×のカードを挙げさせる練習をしてみると、学習者たちは教師が思っているよりずっと早くスピードに慣れ、聞き分けができるようになります。日本で学ぶ学習者は教室の外でそのような日本語の嵐にさらされているわけですから、自分が耳にしている日本語がどういうレベルのものなのかを聞き分けられるようになることが真のコミュニケーション力をつける上で大切なことだと思います。

　『SFJ』では、1課から終助詞や「〜んです」、フィラーなども自然な形で出

てきます。学習者が実生活で遭遇する場面・状況であれば、できるかぎり本物に近い形を見せるように工夫しました。ただし、聞いてわかればよい表現と、学習者にとって使う必要がある、使いたい表現とは、明確に分けて教える必要があるでしょう。例えば、レストラン（L3）で、学習者は注文ができればよいのであって、ウエーターやウエートレスのセリフまで覚える必要はないでしょうから、その部分は教師がやればよいと思われます。しかし、実際には初級の学習者の中にもさまざまなレベルの人がおり、少し学習してきた学生は知っていることばかり練習させられるのでは飽きるので、そのような学生がいる場合にはウエーターやウエートレスの役をやってもらうこともあります。学習が進むにつれて、外で何回も聞く表現のほうが教科書に出てくる表現より易しい場合もあり、コンビニなどでアルバイトしている学生は、店員のセリフのほうが言いやすいというようなこともあります。

　ただ、教室の外の日本語は時代とともにどんどん変わっていきます。一昔前は、話しことばと書きことばというふうに大きく二つに分けられましたが、現在では、SNSやメールのような、その中間に位置するスタイルを持つコミュニケーション手段も出てきています。実際に使われている本物の日本語を示すためには、教科書がすべてではないことを伝えるのも教師の役割ではないでしょうか。

　質問2　＜弱み＞
　自分の教科書の弱みは何であると考えていますか。それをどのように克服することができますか。

　『SFJ』は、「教科書に書かれている内容を手順に沿ってその通りに教える」という目的で見た場合には、よく指摘されることですが、多くの教育現場にとって「学習の内容、量が多すぎる」と思われます。使える時間が限られているコースでは消化しきれないという問題もあるでしょう。したがって、学習者やコースに応じて必要な情報の取捨選択ができる教師がいない場合には、このことが弱みとなるかもしれません。実際に筑波大学でも、予備教育コースでは『SFJ』を使っていますが、以前と比べてコースが短くなったため、Vol.2までしか使わない、あるいは必要な課を抜粋して使うというような工

夫をしています。補講の初級コースでは『SFJ』のミニ版と呼ばれているダイジェスト版を他の副教材と併せて使っています。短期留学生向けの総合日本語コースでは、『SFJ』のミニ版と『NEJ』を併用しています。いずれにせよ、目の前にいる学習者のニーズや使える時間数などの条件に合わせて取捨選択し、アレンジして使うことができる教師にとっては、『SFJ』はリソースとして役立つ教科書なのではないかと思います。

　また、日本の大学院で研究することをめざす国費留学生という知的レベルの高い学習者を想定し、媒介語として英語で解説しているために、英語のわからない学習者には使いにくいでしょう。中国語版、韓国語版、ドイツ語版、スペイン語版のNOTESも作られましたが、教科書作成者が直接監修に関わったものではなく、残念ながら各言語の背景となる社会文化との違いにまで配慮したものにはなっていないと思われます。

　また、『SFJ』は話しことば中心の教科書であり、「レポート文」という形で書きことばのサンプルを提示し、読み練習、短文作成練習などの副教材も作成していますが、筑波大学では漢字語彙の学習は別教材（『Basic Kanji Book』凡人社）によって進められており、余裕のない学習者にとっては、両方の教材に出てくる語彙のずれが負担になるというのも弱みと言えるかもしれません。実は、『SFJ』の進度に合わせた漢字語彙教材を副教材として試作し、試用したこともありますが、集中日本語コースにおいては必ずしもうまく機能しませんでした。これは、学習者の専門やニーズによって、いつ、どのような漢字語彙が必要となるかが一定ではないこと、話しことばではよく使うが読んだり書いたりする必要はない語彙もあれば、目にする機会は多いが話すときには使われない語彙もあるということが原因だと考えられます。会話におけるオーセンティシティーと読み書きにおけるオーセンティシティーが必ずしも一致しないというのは、どの教科書においても多かれ少なかれ存在する問題ではないでしょうか。

　最後に、『SFJ』最大の弱みは、その値段の高さ（Vol.1 NOTES 3,000円、DRILLS 2,600円、Vol.2 & Vol.3 NOTES 各2,800円、DRILLS 各2,600円で、全巻揃えると16,400円。消費税別途）かもしれません。私費留学生にとっては大きな負担となっているようです。

質問3 ＜理論＞
第二言語習得理論や学習理論を教科書に反映させるべきでしょうか。もし反映させるべきであるならば、自分の教科書にどのように反映させていますか。

　第二言語習得理論や学習理論の成果がうまく教科書に生かせれば、それはすばらしいことですが、実際には、理論と実践はそれほどきれいに対応しているとは言えないのではないかと思います。第1部で述べたように『SFJ』は、コミュニカティブ・アプローチの考え方を取り入れ、タスクを中心とした課題達成型の活動を行うこと、インフォメーション・ギャップのある練習を行うこと、ロールプレイなどのペアで行う練習を重視すること、学習者が自分の意志で流れを選択できるような会話練習を行うことなどによりコミュニケーションの力をつけることをめざし、同様の考え方で編纂された英語の教材やフランス語の教材、ドイツ語の教材などを参考にしながら作成されました。しかし、一方で、知的レベルの高い成人学習者には言語構造に関する解説（文法）や社会文化的な説明、会話の談話構成に関わる知識なども必要だと判断し、「NOTES（解説書）」として提供していますし、口頭練習の方法として、オーディオリンガル・メソッドの練習方法のよいところは取り入れようとしています。

　したがって、『SFJ』は、何か一つの言語習得理論や学習理論に基づいたものとは言いがたいと思います。筑波大学という教育現場で試行錯誤の実践の中から時間をかけて醸成された成果物であり、24人の現場教師が作成に関わり、自ら実践し、さらに学習者や使用した教師との対話を重ねて創り上げた教科書です。また、学習者の自律的な学びも重視し、英語が読めれば自力で予習できる教科書として、提供された素材についてディスカッションしながら学習者自身による発見を促し、学習者同士でも学び合うことができる教科書をめざしたと言えるでしょう。

質問4　＜将来＞
　現在も新しい日本語の教科書が開発されつづけています。日本語教師はこのような現状とどのように対峙することが大切であると考えますか。また、これからの日本語教科書はどのようなものをめざすべきでしょうか。

　教育現場にいる教師は、まず目の前にいる学習者を知り、その学習を手助けするために必要な方法を正しく把握して、最も適切な教科書を選ぶ目を持つことが大切でしょう。そのためには、できるだけ多くの教科書を実際に使ってみて、そのめざすところや工夫されたところを理解する必要があります。ただし、誰にでも万能な教科書というのは存在しませんから、その教科書の強みを生かし、弱みを補いながら、クリティカルかつ臨機応変に使うことのできる技量を持つことが必要だと思います。
　その上で、教師自らの成長のために教科書を仲間と協働して作ることを勧めたいと思います。教科書作成という目標に向かって教師同士が協働し、議論を重ねることによって、教育に対する考え方や学習に対する考え方についての相互理解が深まり、新たな発見がある可能性があります。第1部でも述べたように、形になった教科書は必ず古くなりますから、新しいものが出てくるのは当然のことですし、今後の学習者のさらなる多様化を考えれば、教科書が増えることは選択肢が増えることであり、おおいに歓迎すべきことだと思われます。
　これからの日本語教科書はどのようなものをめざすべきかという問いには、ICT時代にふさわしい要素を取り入れることと同時に、その教科書の学習目的や達成目標に合わせて、どのような評価ができるのかも同時に考えていくことが必要だと答えたいと思います。正直に言うと、『SFJ』を作っていたときには、そういうことを考える余裕がありませんでした。教科書ができてから、小テストをどうするか、中間テストや期末テストをどうするか、会話やタスク、スピーチなどのパフォーマンスの評価をどうするかなど、後追いでバタバタと検討し実施することになりました。教育には、必ずその成果を評価する必要もあるわけですから、これから新しい教科書を作る際には、それにふさわしい評価の方法もあわせて考えておくことが重要だと思われま

す。テストという形をとらなくても、ルーブリック評価とか、ポートフォリオ評価とか、自己評価をいかに取り入れるかなど、新しい試みが行われることが望まれます。

質問5 ＜接続＞
上級までカバーしていない教科書を使うと、学習の途中で教科書を変えないといけません。教科書は上級まで一貫して作成されるべきではないでしょうか。なぜ、そうなっていないのでしょうか。また、現状、途中で教科書を変える場合、どうしたらよいでしょうか。

「教科書は上級まで一貫して作成されるべき」だとは思いません。第1部でも述べたように、筑波大学には先に中級の教科書があり、新たなニーズの誕生とともに後から初級の教科書が作られました。作成者も別ですし、それを使って学習する学生たちも時代のニーズも、異なるのは当然でしょう。
『SFJ』は、その内容と量からして、初級といっても、入門 (Vol.1)、初級 (Vol.2)、初中級 (Vol.3) という三つのレベルからなっていると考えられます。かつて筑波大学では、夏に学術振興会の外国人研究員のための1カ月の日本語入門コースを行っていたことがありますが、そのときは『NSF』(『SFJ』の前身となる試用版) の Vol.1 に相当するものを使いました。以前より時間数の少なくなった国費留学生のための予備教育コースでは、Vol.2 までしか使わないことに決め、余った時間に書道や料理実習、歌、演劇などの文化的活動も取り入れています。時間的要因以外にも、中級以上になると、学習目的や専門分野によって彼らが必要とする場面・状況も多様になるため、固定された教科書を使うよりもオーセンティックな言語資料を使うほうが学習動機の上から効果的であろうと考えられます。
筑波大学の場合、留学生は来日前あるいは来日直後に「筑波日本語テスト集 (Tsukuba Test-Battery of Japanese=TTBJ: http://ttbj-tsukuba.org)」という WEB プレースメントテストを受け、日本語のスコアと漢字のスコアにより、初級から上級までの八つのレベルに分けられます。初級の3レベルは総合日本語コースですが、それらが終わって中級・上級になると、技能別 (「話す」「聞く」「読む」「書く」と「文法」「漢字」) のクラスや目的別 (キャ

リア支援のための日本語やプロジェクト型日本語など)のクラスが設けられています。したがって、一貫した教科書を使いつづけるわけではありませんが、レベル間の縦の接続、また同じレベルでも技能別クラス間の横の接続を考えて調整することが重要となってきます。また、同じ場所でずっと日本語学習を続ける学生もいますが、近年多くなっている特別聴講学生(短期留学生)たちは当然のことながら母国で異なる教科書を使ってきているわけです。国も専門も異なる学習者がどのような教科書を使って学習してきたのかを知り、それらとどのようにうまく接続するかを考えるのは至難の業ですが、本当に効果的な教育を考えるためには今後重要なこととなっていくでしょう。

質問6 ＜効果＞
　教育効果は、対象者、目的によって異なりますが、例えば、初級の学習者で将来日本の大学に進学するかもしれないという対象者に日本語ネイティブの教師が教えることを想定した場合、効果的な教科書の要件は何でしょうか。また、今後、日本語の教科書が果たす役割は変化するのでしょうか。変化するならば、どのように変化すると考えますか。

　日本の大学に進学を希望する学生には、できれば、一般的な日本事情に加えて、キャンパス・ジャパニーズの情報、日本人とのコミュニケーションに必要な社会文化的情報なども含む教科書が必要だと思います。ただ、現在はインターネットなどで必要な情報やライブの動画なども簡単に手に入る時代ですから、いわゆる文型積み上げ式の教科書を使うとしても、教師の側に必要な情報を補足するという意識と、それらを手に入れることができるリテラシー、情報を活用して楽しく学習活動をリードする技量があれば、必ずしも必要条件ではないかもしれません。むしろ学習者自身に必要な情報にアクセスする方法を教え、実際にやってみるトレーニングをするような教科書があってもよいと思います。
　今後、日本語の教科書が果たす役割は変化するか、と問われれば、当然変化するだろうと答えざるを得ません。優れた専門性や技能を持つ日本語教師が養成され、しかるべき待遇で仕事ができる環境が保証されれば、印刷物と

しての「教科書」というのは必要なくなるかもしれません。インターネットを活用した日本語学習支援サイトが充実すれば、学習者が必要な場面に応じた語彙や表現をピックアップし、運用に必要な文法情報や発話機能情報を得て、学習することができる時代が来るかもしれません。対面授業でなくても、SkypeやFacetimeなどを利用して、教師と学習者同士がつながるような学習形態も考えられるでしょう。今はやりの「AI」が教科書や教師に取って代わることになるかもしれませんし、昔、大坪一夫先生が冗談まじりに言っていたように、学習希望者の頭に日本語の情報の入ったICチップを埋め込むことにより学習しなくても日本語が使えるようになる時代が来るのかもしれません。

しかしながら、「教科書」という形態をとらないとしても、私たちが日本語をどのように運用しているのかというルールや円滑なコミュニケーションを進めるために必要な了解事項のような情報は必要とされつづけるだろうと思いますし、学習者が学習動機を失わずに楽しく学習を続けられるようにする道具は必要ではないでしょうか。若い世代の学習者のためには、SNSを利用した教材、マンガやアニメを利用した教材、カラオケや音楽を取り入れた教材、漫才やコント、落語などの笑いを取り入れた教材なども考えられるかもしれません。学習者が何をおもしろいと感じ、何ができるようになりたいと望むかによって、学習の効果も違ってくる可能性があるでしょう。何を素材として使うとしても、そこで行われているコミュニケーションの背後にある社会文化的なルールや言語構造的なルールに関する情報が必要に応じて示されなければ、成人の学習者にとっては一過性のブームで終わってしまうかもしれません。学習者にそのようなルールや情報を、規範としてではなくいかに示すかという方法をこそ、教師は工夫する必要があるように思います。

質問7　＜汎用性＞
日本語教師は必ずしも教授テクニックに優れた人ばかりではありません。日本語教育機関には常に新人がいます。経験の浅い教師でも使える教科書とはどのようなものでしょうか。また、理想の日本語教師像とはどのようなものでしょうか。

経験の浅い新人の日本語教師であっても、自分自身が他の言語の学習者であったときのことを忘れず、目の前にいる学習者に効果的な支援をしたいという気持ちがあれば、学習者に必要な場面・機能を明確に設定し、実際に使う必要のある会話から入るという教科書のほうがわかりやすく、使いやすいのではないかと思います。

　逆に、その課で教えるべき文型、語彙が強調されているが、何のためにそれを教えるのかがわからないような教科書では、新人教師はただ説明するだけ、あるいは学生に暗記を強要するだけといった授業になりがちで、ノルマをこなすような授業では教育成果が上がらないのではないかと思われます。

　新人教師にとって必要なのは、「よい教科書」より、むしろ「よい仲間、先輩の教師」だろうと思います。これは経験の浅い教師にとって、それを補ってくれる教師チームの存在が必要だという意味ばかりではなく、ベテランの教師にとっても、型にはまってマンネリ化しがちな頭に刺激を与えてくれる存在が重要だからです。学習者も多種多様でいろいろな人がいるのですから、教師も一人だけでカリスマ的完璧さを追い求める必要はないと思います。

　教師たちがチームとして、互いに自分にないところを尊敬し、認め、自分が得意とするところでチームに貢献するという形の相互研修ができれば、それこそが理想ではないでしょうか。そのためにも、教科書づくりやテストづくりといった協働作業は、貴重な相互研修の機会を与えてくれるものだと思います。

　最後に、理想の日本語教師像ですが、実際のところ、理想の学習者というのがいないのと同じく、理想の教師というのもいないと思われます。ただ、これから日本語教師をめざす人たちには、次の5点を理想としてめざしてほしいと思っています。

(1) 何のために教えるのか、その教え方が学習者にとって効果的かどうかを常に自分に問い、よりよい方法を探す熱意を持つ
(2) 学習者の反応に常に気を配り、柔軟かつ的確に対応する
(3) 失敗を恐れずに行動し、失敗から学ぶ
(4) 教師仲間とチームを組んで協働し、楽しく仕事を進める

(5) 学習者にとって必要な情報を教科書以外からも積極的に収集し、提供できる専門性を持つ

　以上、理想ばかり述べましたが、何よりも大切なことは教育に対する熱意を持つことだろうと思います。教える技能や専門知識だけがあっても、人とのコミュニケーションに対する熱意、学習者を支援するという熱意がなければ、日本語教育はうまくいかないでしょう。

　しかしながら一方で、そのような日本語教師を本当に求めて大丈夫なのかという躊躇が心の片隅にあります。質問6のところで、「優れた専門性や技能を持つ日本語教師が養成され、しかるべき待遇で仕事ができる環境が保証されれば、印刷物としての『教科書』というのは必要なくなるかもしれない」と書きましたが、今の日本の現状では、そのような理想の日本語教師が養成されたとしても、その仕事が正当に評価され、しかるべき待遇が与えられているとは必ずしも言えない状況ではないかと思います。

　一般社会においては、日本語教育はボランティアがやればよい、日本人なら誰でも教えられる、といった風潮がいまだに根強く、そのために「誰にでも簡単に使える教科書」というようなものが求められているのではないでしょうか。もちろんボランティアの活動の重要性を否定するつもりはありませんが、もしそのような風潮が日本語教育という仕事の専門性を軽視する方向に影響するとすれば、それは非常に残念なことだと言わなければなりません。世界中がグローバル化に向かって外国語教育や第二言語教育の重要性を認め、予算や体制を整えているのに対して、少子高齢化問題を抱えて多文化共生社会をめざしているはずの我が国の言語政策はあまりに遅れをとっているように思われます。理想の日本語教師を養成することも重要ですが、そのような教師がきちんとした待遇を受けられるような社会体制を実現することもそれと同じくらい重要なのではないかと思います。

『みんなの日本語』

7つの質問

名須川典子

質問1 ＜環境＞
　教室で学習者が教科書を使って学ぶ日本語と、教室の外の日本語との関係について、どうあるべきだと考えていますか。教科書の内容と、教室の外の日本語との関係をどのように捉えていますか。

　教室で教科書を使って学ぶ日本語学習は、通常、新出語彙・文法などのインプットから始まり、基本ドリル、そしてそれをいかに運用練習につなげていけるかというものです。それに対して、教室の外の日本語は、実際の生活で使われている日本語で、「生きた日本語」とも言われ、必ずしも教科書を使って学ぶ日本語と同様のものではありません。

　教科書を使って学ぶ日本語は、日本語を体系的に捉え、理解することにより、それを実際の生活でどのように使っていけるかを学習するものであり、その先にあるのが、「教室の外の日本語」であると考えられます。

　料理にたとえると、材料を買ってきて、洗ったり切ったり炒めたりするプロセスが「教室で教科書を使って学ぶ日本語学習」とすると、できあがった料理が「教室の外の日本語」であり、その料理を作るためにプロセスがある、そして、その料理を作るためのプロセスも多様であるということです。また、その料理の味付けも一様ではないということではないかと思います。

　前者の日本語学習では語彙や文法を使った運用練習をしますが、まだまだ「教室の外の日本語」にはほど遠く、学習者たちは教室で学んだ日本語を手がかりに、状況を鑑み、予想しながら理解していきます。

　教科書を使って日本国内で日本語を教える場合と、海外で教える場合では大きく異なってきます。国内で教える場合は、学習者が毎日教室の外で「生

きた日本語」に接しているため、教室の中と外の日本語の違いにすぐに気づきます。教師が意識して、教室の中と外の日本語の「折り合い」をつけていくようにしないと、学習者が混乱したり、モチベーションが下がったりすると思います。「折り合い」をつけるというのは、学習者が教室で習った日本語と教室の外の日本語がどうして違うのか、また、それらがどのようにつながっているのかを学習者の疑問に答えるような形で伝えていくことです。これによって、学習者は日本語学習における自分の立ち位置を理解し、納得しながら学習を進めていくことができます。

そして、教室の外の日本語は、日本文化とも密接に関係しており、教室の外の日本語に触れることは、同時に異文化に接触する体験になるため、「新しい土地や集団で異なる文化になじんでいくプロセス（異文化適応）」（小林・福田・向山・鈴木, 2018, p.10）として大切なのは言うまでもありません。

それに対し海外の場合は、教室の外での日本語環境は自ら意識して作りだしていかなければ、ほぼ存在しないのが現状です。教室外での日本語学習者同士のコミュニケーションを日本語に限定して行ったり、インターネットを使って日本のアニメやドラマを見たり、日本人とメッセージをやり取りしたりチャットをしたりすることなどが考えられるでしょう。そして、その環境は日本のように毎日の生活のほとんどを占めるのではなく、一定の時間のみに限定されたものになります。ですから、海外においては、教室の中では教科書にある「正確な日本語」「丁寧な日本語」を教え、それらを身につけた上で、「実践編」として毎日の生活で使う日本語を参照程度に紹介しています。対照的に日本国内では、「教室の外の日本語」を意識した日本語学習になっている場合が多いのではないでしょうか。

インドの日本語学習者の多くは、日本語のレベルが日本語能力試験 N3 に到達したあたりから、日本語を使って業務をする日系企業への就職活動を始めます。就職後は、日本語を使って仕事をするわけですから、不適切な日本語を使って失礼があってはなりません。正確でかつ丁寧な日本語を自然に使えるようになっていることが必須なのです。ですから、インドの日本語センターでは『みんなの日本語 I・II』を使って、文法的にも正確な日本語を学習し、それを運用練習につなげ、コミュニケーションスキルをつけられるよう

にしています。

質問2　＜弱み＞
　　自分の教科書の弱みは何であると考えていますか。それをどのように克服することができますか。

　『みんなの日本語』の使いやすいところは、文法・文型についてはきちんと整理され言及されており、基本的なドリルも示されているところです。しかしながら、文の意味を考えながらするドリルや運用練習においては弱みがあるかもしれません。

　言うまでもなく、第二言語学習において「動機づけ」は大切で、「学習者が第二言語を学ぶことを選択し、第二言語が習得できるように努力し、それを継続していく、という一連の行動の原動力になるもの」（小林他, 2018, p.118）です。学習者が日本語を学ぼうと決めたときのモチベーションを習得過程でいかに持続していけるかを考えると、オーディオリンガル・メソッドに基づいたドリルに終始してしまった場合、初期には高かった学習者のモチベーションが徐々に低下し、その結果、モチベーションの維持が難しくなってしまいます。

　インドの日本語学習者の場合、学校教育の影響からか、文法理解中心で教師主導型の授業を支持している人が多いようです。文の意味を考えながらするドリルや運用練習を十分にせず、文法説明にフォーカスした授業を進めた結果、初級レベルでは問題なく学習者がついてきているように感じますが、中級レベルに入る頃には、日本語学習に支障をきたすことが多いです。つまり、初級レベルにおける既習の文型運用力がついていないことが、中級レベルの学習を通して露呈され、学習を進めていくことが難しくなってしまうのです。

　ですから、教師も学習者も「文法学習が日本語学習である」という従来の殻から抜け出し、「基本的ドリル」の先にある「文の意味を考えながらするドリル」や「運用練習」に時間とエネルギーを注ぐ姿勢が肝要です。教師も学習者もそれぞれのビリーフを見なおしていくこと、また「両者のビリーフは完全に独立しているわけではなく、授業活動を通じて相互に影響し合ってい

る」(小林他, 2018, p.113)ことを念頭に置き、学習者のビリーフを感じとるとともに自らのビリーフを再確認し、それらを教室活動に反映させていくことが望まれます。

さらには教師間のビリーフの共通点、相違点を互いに確認する機会を設けることが求められます。特に海外の場合は、文化的背景、教育制度等が異なるネイティブ教師とノンネイティブ教師のビリーフを再確認するとともに、相違点においてはその理由を考え、どのように両者の共通項を作りだしていくかを一考する必要があるでしょう。

『みんなの日本語』の通りに授業を進めていくと、どうしても文型の導入や基本ドリルに時間がかかってしまいます。ですから、授業計画を立てる際、時間配分に細心の注意を払い、文の意味を考えながらするドリルや運用練習に多くの時間をとるようにし、そしてそれに合わせた教案を作成することで、その弱点を強みに変えていくことができるのではないかと思います。

同時に日本語レベルの判定の方法も、現在の「文法中心」から「どれだけその文法を運用できるか」という評価基準に移行していくことが、教師と学習者の意識を変えていくきっかけになると思います。

教師は、学習者の日本語学習目的が何であるのか、ということを忘れてはなりません。その目的によって、教科書をどのように使うのか（調理していくのか）は、教師の手腕によるところだと確信しています。

質問3　＜理論＞
第二言語習得理論や学習理論を教科書に反映させるべきでしょうか。もし反映させるべきであるならば、自分の教科書にどのように反映させていますか。

教科書に第二言語習得理論や学習理論を反映することは大切だとは思いますが、もっと大切なことは、まずは現場の日本語教師がそれらのコンセプトを理解していることだと思います。

授業での実践を考えたとき、さまざまなタイプの学習者が存在するため、これらの理論が一様に効果をあげることはありません。例えば、日本国内で使うのか、海外で使うのか、また海外といってもどの国で使うのか、学習者

の出身国や学習目的、習得レベル（日本語以外の教育レベルも含む）等によって必要となる教科書のアプローチが異なることになり、教科書そのものに反映させることは現実的ではありません。インド人学習者の特徴として、日本語文型がヒンディー語をはじめとするインドの言語に近いということもありますが、多言語国家であるインドであるがゆえの文型理解の早さが挙げられます。また聴解に関しても自らの「方法」で、迅速に理解していく傾向がみられます。学習者のビリーフも出身国によって異なる傾向があり、これも考慮する必要があります。

　ですから、教科書よりも教師用マニュアルにその教科書の有効な使い方、第二言語習得理論や学習理論に基づく教授法、その注意点などを示し、教育現場での細部のケアは現場の日本語教師に委ねられるように工夫したほうがよいと思います。教師の「気づき」こそが、これらの理論の実践につながっていくと考えられます。

　『みんなの日本語』はオーディオリンガル・メソッドの流れをくんだ内容になっています。つまり、基本ドリルは新出文型ごとに教科書に明記され、日本語教師の教授経験の有無にかかわらず、ネイティブ／ノンネイティブ教師にかかわらず、教科書を参考にして、基本ドリルで練習しながら、順序よく授業を進めることができます。しかしながら、第二言語習得理論をどう生かすかは、現場の日本語教師の裁量に任せる形になっています。

　　質問4　＜将来＞
　　現在も新しい日本語の教科書が開発されつづけています。日本語教師はこのような現状とどのように対峙することが大切であると考えますか。また、これからの日本語教科書はどのようなものをめざすべきでしょうか。

　日本語教師が常に新しい教科書に興味を持ち、目を向けることは大切なことだと思います。どの教科書にも長所があったり、新しいアイディアがあったりして、直接的・間接的に自らのクリエイティブな授業に結びついていくものです。できるならば、興味を引かれる教科書をじっくり読んで、その教科書ではどんなことをどのように実践していこうとしているのかを考えるの

も、ひいては自分の教授法に結びついてきます。

　日本語教師はいつも同じ教え方を繰り返すのではなく、学習者をよく観て、学習者に一番合った教え方をするべきではないかと思います。そのためには、自分の中にたくさんの「引き出し」を持っていなければなりません。それらは、知識であり、教授法であり、新しいアイディアであり……。もちろん、作成した教案通りに教えることも新人教師にとっては必要なことです。しかしながら、作成した教案よりもっと学習者に合った教え方ができる可能性もおおいにあり、必要なときに必要な「引き出し」を開け、そのとき必要とされるものを取り出して、より学習者に合った授業を実践することを忘れてはいけません。

　学習者のために新しい教科書に替えたいと考えても、授業で使用している教科書を急遽替えることは現実的ではなく、他の日本語教師の状況も考えながら、慎重に行わなければなりません。次々と教材を替えていくことは、学習者の日本語習得の方向性が変わるだけではなく、それにともない教える側の授業準備、教授法にも関わってくるため、事前に教師研修を実施して、新しい教科書に替える理由を日本語教師に納得してもらい、具体的に何が変わっていくのか、対処の仕方など、新しい教材を使用する日本語教師のケアを適切にしなければなりません。それを怠ると、授業そのものの質が低下し、教科書を替えたところで本末転倒になってしまいます。

　これからの日本語教科書ですが、まずどのような学習者および日本語教師が使うのか、例えば新人の日本語教師が使うのか、海外では通常日本人以外の日本語教師が多いため、ノンネイティブ教師が使うことも念頭において教科書を作るのかなど、その教科書の主たる対象者を明確にすることが肝要です。

　その教科書は、語彙・文法がわかりやすく説明されているもので、「学習者フレンドリー」であること。教師にとっても、授業中にそれらに費やす時間と労力を最小限にとどめられ、学習者の発話力および日本語運用力の養成につなげていけるものが理想的です。できれば、運用力養成をサポートするコミュニカティブ・アプローチ、協働学習を促す内容のものが示してあると、授業の進め方がわかりやすく、「教師フレンドリー」の教科書だと言えそう

です。

　しかし、多くの海外の日本語学習者にとっては、教科書を使った運用練習は日本での場面になりがちで、必ずしも身近に感じられるものではありません。したがって、このような場合、運用練習は一様に教科書どおりにするものではなく、学習者が置かれている状況を考慮して、教師が楽しみながら創り上げていくものではないかと思います。

　その教科書がどのように使えるのか、学習者と日本語教師の両方の立場から検証し、使い方もあまり複雑でないものが好ましいです。例えば、教師用の手引きも作成し、「最低限ここはおさえよう」「練習のとき、ここに注意」「使い方をマスターするコツ」のようにその課における文法の基礎の部分、文の意味を考えながらするドリル、運用練習のポイントなどを具体的に示し、新人教師やノンネイティブ教師にとっても使いやすく、授業の流れとポイントがわかり、実際の授業でも「強弱」をつけられるような教科書が理想的です。

　一般的に新人教師にとって、最初の1年間の授業を通しての成長は目を見張るものがあり、経験を積みながら効率的に学んでいけるような教科書を使うことで、おおいに自らの成長にも役立てられるのではないかと思います。

　　質問5　＜接続＞
　　上級までカバーしていない教科書を使うと、学習の途中で教科書を変えないといけません。教科書は上級まで一貫して作成されるべきではないでしょうか。なぜ、そうなっていないのでしょうか。また、現状、途中で教科書を変える場合、どうしたらよいでしょうか。

　質問のように、理想から言うと教科書は初級から上級まで一貫して作成されたほうが効果的だと思います。既習の語彙や文型なども整理しやすいですし、どのレベルを教えるにしても、一貫性があることは教えやすさにもつながります。学習者にとっても同様で、初級からなじみのある教科書であることから、学習ストラテジーも確立しやすくなると思われます。

　しかしながら、上級まで一貫して作成された教科書であっても、執筆者が異なるとおのずとその毛色も変わってくるものです。例えば、仮に上級までカバーしている教科書でも、日本語学習機関によっては初級の教科書のみを

使っているケースもあると思います。

　通常、教科書が初級から上級まで一貫して発売されていないのは、主に出版社サイドの事情であると考えられます。出版社である以上、販売数を無視するわけにはいかず、学習者数の多い初級の教科書から着手することが多いでしょう。これは出版社として当然のことだと思います。

　日本語教育現場の現状では、途中で教科書を変えるケースが多いのではないかと思いますが、担当している学習者の日本語レベルや到達目標によって次の教科書を選ぶとともに、それまで使っていた教科書との比較・検討をして学習者および担当の日本語教師が受け入れられやすいものであるかどうかが教科書選びのポイントになってくると思います。もし、発想や指針が大きく異なる教科書を採用するのであれば、学習者および担当の日本語教師に対して的確なオリエンテーションや研修を事前に実施して、その教科書を採用した理由と意義を理解してもらう必要があります。

　　質問6　＜効果＞
　　　教育効果は、対象者、目的によって異なりますが、例えば、初級の学習者で将来日本の大学に進学するかもしれないという対象者に日本語ネイティブの教師が教えることを想定した場合、効果的な教科書の要件は何でしょうか。また、今後、日本語の教科書が果たす役割は変化するのでしょうか。変化するならば、どのように変化すると考えますか。

　日本の大学に進学するということは、将来的に日本語を媒介語として学問をするということであり、大学でのキャンパス会話はもとより、日本語で深い思考をし、レポートや試験など日本語で表現しなければなりません。また、そのためには、音声のみならず、正確に「読む」「書く」技能も不可欠になります。

　上記レベルの日本語能力を将来的に身につけることを念頭において、初級の学習者が効果的に学べる教科書とは、日本語の語彙・文型が体系的に示されていることによって学習者がそれらを正確に学習でき、キャンパス場面での日本語も紹介されているもの、会話のみならず意識的に「読む」ことで目

からの情報を取り入れる練習を促すもの、そして自分の考えを日本語で表現する練習を促すものが効果的な教科書の要件になり得るのではないかと思います。

　初級日本語は、どのような到達目標であっても、扱う文型の点で大きく変わることはないと思いますが、大学で日本語を媒介語として勉強しなければならないとなると、従来の会話重視の日本語学習では、後々苦労するようになります。もちろん、「聞く」「話す」のコミュニケーション能力は必要なのですが、そこで完結せず、意識的に「読み」「書き」の練習を初級レベルから導入していくことによって、学習者のフォーカスを「聞く」「話す」のみに偏らないようにすることも肝心だと思います。そのためには、教科書だけではなく、初級の日本語を教えている段階から、教師によるオリエンテーションを設け、大学進学を考えている学習者にその旨を伝えていくことが重要です。

　今後の日本語の教科書が果たす役割ですが、従来の「紙媒体主義」から徐々にインターネットなどの紙媒体以外の教科書の割合が高くなっていくと思われます。紙媒体の教科書がなくなるわけではなく、インターネットを利用してコンピューターでアクセスする有料もしくは無料のｅラーニングや簡単なアプリなど、「隙間時間」を使ったタイプのものが増加し、それによって日本語の学習形態も変化すると思われます。

　紙媒体の教科書とインターネットを使った教科書の違いは、前者は体系的に日本語を習得するために使われやすく、後者は部分的・補足的・周辺的に使われる傾向になっていくのかもしれません。

質問7　＜汎用性＞
　日本語教師は必ずしも教授テクニックに優れた人ばかりではありません。日本語教育機関には常に新人がいます。経験の浅い教師でも使える教科書とはどのようなものでしょうか。また、理想の日本語教師像とはどのようなものでしょうか。

　どの日本語学校にも新人日本語教師がいますし、教授テクニックも必ずしも教授経験に比例しているわけではありません。また、海外の日本語教育の現場ではノンネイティブ教師が日本語を教えているのが普通です。
　一方学習者は、どの日本語教師が授業を行っても、日本語能力を身につけるための「よくわかる授業」「達成感のある授業」「楽しい授業」を求めているのではないでしょうか。
　「よくわかる授業」とは、授業の中での文型導入など、新しく紹介された一つひとつの事項がきちんと納得できる授業です。学習者の頭の中で、それらがきちんと理解・整理され、疑問点が残らず、頭の中で「カチッ」「カチッ」と適切な場所にはまっていくような授業です。そして「達成感のある授業」とは、そのように授業の中で理解したことを実際に発話したり運用したりして、自分のものにしていけるプロセスを体感できる授業です。また、「楽しい授業」とは、学習者が喜んで「出席したい！」と思う授業なのです。
　そのような授業を経験の有無にかかわらず、またネイティブ教師、ノンネイティブ教師にかかわらず、すべての日本語教師が実践できるための日本語の教科書とは、どのようなものなのでしょうか。それは、授業の中で必ず明確にしておかなければならない文型の説明をきちんとわかりやすく明記している教科書であり、各文型を説明後、練習すべき基本ドリルを備えたものです。
　コミュニカティブな活動にフォーカスした教科書も出版されていますが、教科書に文法事項が明確に示されていない場合、必要な文法事項の教え方がまちまちになり、そのままコミュニカティブな練習に続くと、教師の教授経験の差が授業の質に直接影響してしまいます。ですから、教科書を使って文法を体系的に学習したその延長上でコミュニカティブな練習をしたほうが、成果が期待できます。

「文型を教えることが日本語を教えることではない」というのは重々承知していますが、言語学習は基礎をおろそかにできないことも事実です。基礎をきちんと理解しないまま運用練習をしても、あまり効果が出ないばかりか、学習者にとっても「達成感」が感じられないものになってしまいます。

　日本語を教えるとき、まず日本語教師は授業で教えるべき全体構造を理解することが不可欠で、それは語彙であり、新文型であり、さまざまな種類のドリルや運用練習を通して学習者が何を学習するべきかであり、そして学習者の日本語到達レベルを確認することです。

　しかし、それらを一度に理解・習得・実践することは、新人教師にとって容易なことではありません。ですから、「転ばぬ先の杖」のような教科書を小脇に携えて、まずはその「杖」、すなわち教科書を頼りにしながら前に進んでいく。そのように新人教師は常に教科書からも学びながら前に進んでいけるのです。「杖」のおかげで、学習者に多大なる損失を与えることもありません。その後、その教授経験をもとに次のステップに上がっていくのが、無理のない理想的な方法ではないかと思います。まずは、「教科書を教える」ことから始め、そして「教科書で教える」日本語教育につなげていく努力が肝要であることは言うまでもありません。

　「理想の日本語教師像」は、心から笑顔で授業ができる教師だと思います。笑顔は日本語の教授法ではありませんが、学習者と日本語教師をつなぐ一番大切なツールだと思います。学習者との信頼関係があってこそ、理想的な授業が展開できる土壌が培われ、その反対に相互の信頼関係が築けなければ、すべての教授法も魔法が解けてしまった「ただの杖」と化してしまうのです。

参考文献
小林明子・福田倫子・向山陽子・鈴木伸子(2018).『日本語教育に役立つ心理学入門』くろしお出版.
鮎澤孝子編(2014).『日本語教育実践』凡人社.

『げんき』

7つの質問

大野裕

質問1　＜環境＞
　教室で学習者が教科書を使って学ぶ日本語と、教室の外の日本語との関係について、どうあるべきだと考えていますか。教科書の内容と、教室の外の日本語との関係をどのように捉えていますか。

　『げんき』は国内よりも国外で多く使われている教科書だということを踏まえて答えると、おそらくこの質問が前提としている状況よりも幅広い「教室外」の世界を考えることが必要となります。一歩教室を出たら、生の日本語に触れる機会がほとんどない環境で学んでいる学習者にとって学びやすい教科書、あるいはそのような環境で教える際に使いやすい教科書とはどのようなものかということも考えなくてはならないでしょう。若干の語弊があるかもしれませんが、これは第二言語として学ぶことと外国語として学ぶことの違いとして捉えることもできると思います。

　実際に自分のまわりでほとんど日本語に触れることがない学習者であっても、自分がお金や時間を注ぎ込んで学んでいるものが現実世界で使われている日本語とかけ離れたものであったら、非常に不満に思うことでしょう。だから、教科書が教室の外の日本語を反映しているべきであるということは、その教科書がどこで誰によって使われるかを問わず、当たり前のことだろうと思います。『げんき』も、もちろん、現実世界で使われている日本語を意識して作られました。

　『げんき』が英語圏等の多くの大学で採用され、学習者にも歓迎されてきたということは、外国語として学ぶという環境において、日本語の社会的な実態に十分寄り添った教科書であると評価されたということだと考えていま

す。その一方で、その評価の尺度には、日本で暮らしている学習者の生活を支える即戦力であるか否かという項目が含まれていなかったということかもしれません。『げんき』が交換留学などで日本に来た大学生をそもそも念頭にして作られたことを考えると、ちょっと複雑な気持ちです。

　また、(教室外の)日本語と一口で言っても、それは一様なものではありません。『げんき』は大阪の大学で作られたので、その大学に来ている留学生たちが教室外で触れる日本語を忠実に反映させようと考えたら、関西の日本語の特徴を色濃く持つ教科書になったでしょう。しかし、私たちはその道を選ばず、地域性の希薄な、日本のどこに行ってもとりあえず通じるような日本語を提示することにしました。

　学習者の中にも、教科書で提示されるものが自分の身の回りの日本語母語話者の友だちが話す日本語とまったく同じでなければ不信感を抱く人もいますし、逆に、「標準的な言語」を学びたいと願っている人もいます。ですから、教室外の日本語を反映させたいと思っても、現実の教科書づくりでは、さまざまな妥協や決断が必要となります。『げんき』では、動詞の活用などを含め文法や語彙の選択で東京方言ないし共通語を基準にしました。高低アクセントは明示しませんでした。地域の違いではありませんが、起こりつつある言語変化に関する面では、可能動詞について「ら抜きことば」も提示し、また他動詞から派生する可能動詞が取る格助詞は「が」でも「を」でもよい、という扱いにしました。

　これらのようなことが穏健で妥当な「教室外の日本語」の反映であると、『げんき』を採用してくださった先生方には考えていただけたのであり、規範の押しつけになっていないことが学習者に評価されたのだと考えています。

質問2　＜弱み＞
　　自分の教科書の弱みは何であると考えていますか。それをどのように克服することができますか。

　どのような観点から見るかによって、いろいろな異なった弱みや欠点を指摘できると思います。

　言語教育の理論に重きを置く人の多くは、まず、『げんき』が文法シラバ

スに基づいていること自体を問題視するでしょう。アクティビティ（機械的ではなく、意味交渉を介在させた、複数の学習者が協働して取り組むもの）、タスク（言語表現を用いたプロセスを通じて、何らかの目標の達成をめざすもの）の類はたくさん入っていますが、それが正統的な活動ではなく形式面に焦点を当てていることについても、後ろ指をさされることが多い気がします。学習者から引き出したい発話として、新しい項目の入ったやり取りの後に既習事項を使ったコメントが入るぐらいの2往復の会話を念頭においていますが、それでは発展性が乏しいという声もよく聞きます。世に出たのが1999年であり、その後に確立されてきたプロフィシェンシーの尺度に沿ったものでないことも、古さが感じられる点です。各課の扉ページに「〜ができるようになる」といった形でその課の目標が明示してあるべきだという指摘もよく受けます。

　このように弱みを多く持つ教科書であるのにも関わらず、英語圏を中心としてかなり幅広く受け入れられ、採用されてきたということは、一つひとつの教室の中でこれらの弱みを克服することが比較的に簡単だったということでしょう。一言で言えば、『げんき』は、どのような信念の教師でも使うことができ、どのような学習スタイルを持つ人でも学ぶことができるような「平凡な」教科書であって、その平凡さが弱みでもあり強みにもなったのだと思います。とがったところを丸くするというのは、執筆の過程で心がけた点ですので、弱点と言える部分も含めて、しなやかな教科書ができあがったと言えるかもしれません。

　逆に、作る過程で一所懸命やったことが裏目に出たと思うところもあります。文法や語彙の積み上げを意識するあまり、それまでに習ったことと新しく学ぶことの組み合わせの範囲内で表現できる自然で間違いのない日本語ばかりを提示することになってしまいました。学習途上にあって、不完全な日本語話者である初級学習者は、必ず、自分が言えないこと、理解できないことに直面するわけですが、そういう場面での心理的な葛藤に寄り添うことも、そのような状況に準備することも、そして、いざそんなことが起こったときにそこから抜け出すための方略を身につけさせることもできなかったというのは、とても大きな弱みだと思います。

また、自分が学ぶ側に立ったと想像したときに不満に思える点、作る際にこだわりが足りなかったと思える点としては、付属の音声教材にひねりがなかったことが挙げられます。ちまたに溢れる英会話教材とか旅行のための外国語入門書などを見ると、学習対象言語と母語を順番に録音したりして、「聞き流すだけで学べる」と謳っているものがかなりあります。どれくらい宣伝文句どおりの効果があるのかは別として、『げんき』の音声教材をそれらと比べたとき、単に勉強のために聞くことを強い、きれいな日本語音声を聞かせて繰り返させるだけになってしまっているのが残念に思われます。もちろん、これには膨大な音声教材を教科書に付けたり別売りで提供したりすることの物理的、商業的な限界があると思います。しかし、著者としては、紙の教材を完成させて安心しきってしまったというのが反省事項となっていることには変わりがありません。

質問3　＜理論＞
第二言語習得理論や学習理論を教科書に反映させるべきでしょうか。もし反映させるべきであるならば、自分の教科書にどのように反映させていますか。

教科書を作るのにあたって、密接に関係する分野での知見を生かす努力は必要だと思います。しかし、教科書に盛り込まれるべき視点はさまざまなものが考えられ、また、作成の過程や使用の現場に多くの制約があることを考え合わせると、何か一つの領域での考え方をきわめて純粋な形で貫こうとすることには無理が伴うと思います。その意味で、『げんき』は、第二言語習得理論を忠実に実践に移したものではなく、さまざまな考慮のうちの一つとして反映させた教科書だと言えると思います。以下、第二言語習得研究に関わる事柄をいくつか見てみます。

『げんき』の作成においては、学習者のレベルにあった自然なインプットを多く与えるということと同時に、アウトプットも促すということに十分に注意を払ったと思います。インプットとして学習者が触れる日本語は、対象として想定されている大学生にとって親しみやすく興味深いものになっていると思います。アウトプットについては、既習項目の組み合わせでかなり複

雑なことも言えるようになるのだということを示しつつも、実際に産出を求めるレベルは、比較的低めに抑え、無理なく取り組めるようにしてあります。

各課の練習は、活用練習のような機械的なものをはじめに置き、「口慣らし」による自動化を目論んでいます。その後の練習は、意味に注目して行うものばかりであり、形式・意味・伝達のバランスを意識した focus on form の考え方を意識したものになっています。

練習も文法説明も、文法シラバスに基づいているとは言うものの、最初から細かい点まですべてを教え込むことは強く避けています。このため、もしかすると、他の教科書に比べて「入っている文法の量が少ない」といった感想を持たれることがあるかもしれません。いくつか例を挙げると、

- 第16課で「るとき」と「たとき」を学びますが、「たとき」については、主節の出来事との前後関係を示す基本的な相対テンスの用法（「チベットに行くとき、ビザを取りました」のような文）のみを扱い、発話時よりも前であることを示す「たとき」の用法（「チベットに行ったとき、ビザを取りました」のような文）は扱っていません。
- 第21課で受身を学びますが、英語受動文からの転移を避けるため、直接受身は扱わず、間接受身のみを扱っています。
- 「たら」は第17課で学びますが、それに先立ち、第14課で「たらどうですか」だけを学びます。
- 「ば」は第22課で学びますが、それに先立ち、第18課で「ばよかったです」を学びます。

『げんき』では、一貫して、いっぺんに完全な知識や運用能力が身につくとは考えていません。つまり、学習者の中間言語に配慮した形で学習が進められるように全体が構成されています。

文法説明の中に、学習者が犯しがちな誤りについての明示的な説明が比較的多いことも特徴と言えると思います。これは、第一言語習得とは異なり第二言語習得には否定的なデータも必要とされるという考えに基づくものです。

日本語の第二言語習得研究で明らかにされてきたことの中で、『げんき』には反映されていないものも、もちろんあります。格助詞なども含めてきちんとした文を教えようとしていることとか、述語の短い形（普通体）よりも長い形（丁寧体）を先に導入していることなどは、たぶん、習得の実態には合っていないだろうと思います。『げんき』が話しことばと書きことばの両方を学ぶための総合的な教科書をめざしたことや、語用論的な能力を育成する中で「失礼にならないこと」に重きを置いた結果、そのようになったわけですが、もっとよい妥協点は、きっとどこかにあるのだろうと思います。

　質問4　＜将来＞
　現在も新しい日本語の教科書が開発されつづけています。日本語教師はこのような現状とどのように対峙することが大切であると考えますか。また、これからの日本語教科書はどのようなものをめざすべきでしょうか。

　新しい教科書が世に出てくることは、まぎれもなくよいことだと思います。どんなに優れた教科書であっても、それはその作られた時代にひも付けされた存在であり、社会も言語も移り変わっていくのですから、それに取り残された教科書は少しずつ選ばれなくなり、忘れ去られていくのが自然だろうと考えます。
　また、さまざまな学習者がいて、さまざまな教師がいるのですから、それぞれが「これがよい」と言えるような選択肢が増えるのは、喜ぶべきことです。
　経験の豊富な教師が教科書を作成することによってすばらしい教科書ができあがるということも考えられますし、教科書を作るということによって若手の教師の視野が広がり力量が上がるということもありますから、「新しい教科書が開発されつづけ」るのは、日本語教育という分野が健全であることを示していると思います。
　逆に、教科書に限らず何事もそうだと思いますが、新しいから必ずよいというわけではありません。だから、教科書を選ぶ教師としては、前年度と同じ教科書だから準備が楽だというのでもなく、最新の教科書だから昔のよりよくなっているはずだなどと安直に考えるのでもなく、自分の教え方や学生

たちの学び方を踏まえて、本当に望まれる教科書を見つけることが大切だと思います。

ところで、「新しい日本語の教科書が開発されつづけている」という点については、実は少し異論があります。英語圏の大学でよく使われてきた日本語の教科書という範疇で考えると、あまり新たな動きがないとも言える状態だからです。1962 年出版の *Beginning Japanese* から 1977 年出版の *An Introduction to Modern Japanese* までが 15 年、そこから 1987 年出版の *Japanese: The Spoken Language* までが 10 年、そこから『げんき』までが 12 年でした。そこまでは 10 年から 15 年の周期で代表的な教科書が入れ替わってきたことになります。『げんき』が出てからすでに 19 年が経とうとしていますから、そろそろ次の時代を担う教科書が台頭してこなければ、分野自体が停滞しているということになります。

もちろん、日本語教育学という分野が停滞しているということはないでしょうから、一部の市場においてなかなか新しい教科書が出てこないというのには、別の理由によるはずです。米国の大学の教科書は、専門分野を問わず、非常に高価です。ハードカバーの「天文学入門」みたいな教科書だったら、200 ドル以上するのが当たり前でしょう。その中で、『げんき』は、日本からの輸入というプロセスで値段が上がるとはいえ、60 ドルぐらいで売られています。つまり、破格にお値打ちの売れ筋商品が存在する分野に新たに参入するのが難しいという経済学的な問題ができてしまっているのだと思います。

これからの日本語教科書はどのようなものをめざすべきかについては、第 1 部「『げんき』がめざしたもの」の中に多くの反省をもとに書きましたので、そちらを参照してください。

質問5　＜接続＞
　　上級までカバーしていない教科書を使うと、学習の途中で教科書を変えないといけません。教科書は上級まで一貫して作成されるべきではないでしょうか。なぜ、そうなっていないのでしょうか。また、現状、途中で教科書を変える場合、どうしたらよいでしょうか。

　私は、初級から上級まで一貫して作成されることがとても重要なことだとは考えません。もちろん、既習項目が何回も繰り返されたり、逆に、抜け落ちる項目があまりにも多ければ、学ぶ人も教える人も困るだろうと思いますが、学習者のほとんどは習ったことすべてを覚えていたり使いこなせるようになっていたりするわけではありませんから、まったく無駄のない提示といったものを追求してもしかたがないと思います。

　また、すべての人が上級であるとか母語話者に引けを取らないようなレベルをめざして勉強するわけでもないですから、例えば初級だけの教科書といったものがあって当たり前だと思います。そして、自分の最終的な到達目標を初級程度と置いている人と完璧な話者になることに置いている人には、同じ初級の範囲を教えるにしても、違った教え方が考えられます。

　『げんき』は、米国の大学でよく使われていますが、米国の大学の日本語プログラムの典型的な形態としては、週3回ぐらいの授業で、1年間（15週間程度のセメスター2学期か10週間程度のクォーター3学期）でElementary Japaneseと呼ばれる1年目で第1巻をやり、Intermediate Japaneseと呼ばれる2年目で第2巻をやる、といった形です。『げんき』を学びおえたぐらいが、ふつう日本国内では「初級」と呼ばれると思いますが、『げんき』の後半を扱っている時期が、米国の大学の一般的な呼び方ではIntermediate（つまり「中級」）ということになります。このようなカリキュラムで学ぶ場合、4年という標準的な在学期間では、米国の大学ではAdvanced（つまり「上級」）と呼んでいる授業でも、扱う内容は日本国内で「中級」と呼んでいるようなところまでしか行きません。ですから、米国の大学で使われることを意図して教科書を作る場合、日本国内や漢字圏で言う「上級」ぐらいまでを一貫して作るというのは、かなり非現実的です。学習者数の面でも、大雑把に言えば、米国の大学で日本語の1年を終えて2年に進むのが約半分、3年の

授業に進むのがそのまた半分というようなところでしょう。教科書を世に届ける出版社にとって、上から下まで揃ったシリーズ物を用意することが採算に合うのかという心配もあるだろうと思います。

　『げんき』は、当初、米国などの大学から日本の大学に短期交換留学で来る学生を対象に作られました。短期交換留学ですから、滞在期間は半年から1年程度です。英語で開講される日本事情科目などを取りながらインテンシブな日本語コースで非漢字圏の学生がゼロ初級から学ぶ場合、2セメスターで扱えるのは、せいぜい『げんき』上下2冊ぐらいの分量だろうと思います。その意味で、『げんき』は当初想定された層に対しては、「学習の途中で教科書を換える」必要のない形で作ってあると言えるでしょう。

　一貫していることが本当によいのかということも、疑う価値があると思います。常に一律な形で情報が整理され提示されていることを重視する学習者や教師なら、初級も中級も上級も同じ人が作った教科書を好み、それはそれで節操のあることでよいことなのだろうと思いますが、世の中はそのような人たちだけで構成されているわけではありません。『げんき』の共著者たちの間で、『げんき3』を作ろうか、という話が出たこともあります。しかし、話し合いの方向は、「私が学生だったら、同じような形で3冊目も勉強することになったら、ちょっと飽きるだろう」というものでした。『げんき』で学んだ学習者には、もし次のレベルまで学びつづけるのであれば、何かちょっと違った新しい雰囲気の教科書で学ぶ権利があり、私たちはそれを保証したいという気持ちで作ったのだ、と考えていただきたいです。

　もし、一貫性であるとか重なりや抜けの少ないこととかを重んじる教師が初級から上級までで異なった教科書の組み合わせを選択しなくてはならないのであれば、場面や機能、単語、文法などの面での重複や欠如を吟味することが必要になるのだと思います。

質問６　＜効果＞
　　教育効果は、対象者、目的によって異なりますが、例えば、初級の学習者で将来日本の大学に進学するかもしれないという対象者に日本語ネイティブの教師が教えることを想定した場合、効果的な教科書の要件は何でしょうか。また、今後、日本語の教科書が果たす役割は変化するのでしょうか。変化するならば、どのように変化すると考えますか。

　日本の大学に進学するという形での絞り込みは、例えば、日本国外の宿泊施設で日本人の観光客の対応に当たるとか、技能実習制度のもとで働くとか、日本に旅行に行くとか、日本のポップカルチャーにもっと親しむといった学習目的との弁別を意図したものだと思います。その意味では、特定の領域の語彙に強く焦点を当てるとか、話しことばと書きことばのどちらかだけを扱うというのではなく、かなり総合的に日本語の知識や運用能力を育むことを心がけた教科書（というか教育）が必要になると思います。

　しかし、日本の大学に進学するということだけでは、十分に対象を絞り込んだとは言えないのが現実だと思います。少子化の進む中でも伝統的な学生層、つまり日本の高校を卒業したばかりの日本語母語話者である学生を集めることに困難を感じていない大学もあれば、定員充足のために外国人留学生の大量受け入れが欠かせない大学もあるからです。どちらの場合も、日本に住んで大学に通う以上、買い物などの日常生活がちゃんとできたり、大学からの連絡を読んで理解し、申し込み用紙に自分の名前を記入することができたりしなくてはならないですから、そういった実用性に十分配慮した日本語教育が必要です。ただ、それが教科書の中心に据えられるべきかどうかは、一概には言えないと思います。

　大多数の日本語母語話者に囲まれたごく少数の非母語話者として学ぶという、伝統的な形の日本留学であれば、その専攻の基礎となるような中学高校の科目について、日本で育った人ならば知っているような単語などの知識がないと、十分に勉強していくことができませんから、内容と言語を統合した学びの要素を取り入れた日本語教育が望まれるのだろうと思います。

質問7　<汎用性>
　　日本語教師は必ずしも教授テクニックに優れた人ばかりではありません。日本語教育機関には常に新人がいます。経験の浅い教師でも使える教科書とはどのようなものでしょうか。また、理想の日本語教師像とはどのようなものでしょうか。

　経験の浅い教師はどのような失敗をやらかしてしまうかを考えてみましょう。これは新人に限らないことかもしれませんが、まず、学習者の知識や運用能力の実態が十分に把握できていないために、難しすぎる産出を求めてしまったり、逆に本来ならもっと伸ばしてあげられるのに十分に引き出してあげられなかったりするということがあるでしょう。この面では、どのようなシラバスに基づいた教科書であっても、それまでに身についていることを前提とする知識や運用能力がどのようなものであるかが把握しやすく、また、それぞれの授業で何を目標とするかが明確に定義されている教科書が使いやすいと言うことができると思います。

　経験の浅い教師が陥る問題の二つ目は、ドリルにせよアクティビティにせよ、何をやらせたいかが学生に伝わりにくいものを作ってしまいがちということだと思います。状況設定が独善的だったり、手順が複雑だったりすると、授業がうまくいかないということです。この点については、教師がまっさらなところから授業でやることを考えなくても、教科書に載っているものをそのままやれば、それなりにうまくいく、といった教科書が使いやすいと言えると思います。

　また、経験の浅い教師は教室で自分がしゃべりすぎる、ということも多くあるように思います。この点では、学生の発話量を増やすような工夫が盛り込まれている教科書（単純な例を挙げるとすれば、すべての問いと答えが教師の模範音声と学習者の復唱になってしまう可能性のあるような提示方法をとる教科書よりも、ペアワークやグループワークであることが明示されていて、学生たちが教師の発話から離れて自ら行動することが必要とされるような教科書）や、教室で説明に時間を取らなくてもいいように、しっかりとわかりやすい説明が書いてある教科書がいいだろうと思います。

　『げんき』は経験の浅い教師にも使いやすいということを意識して作られ

ました。実際に、ここに述べてきたような面ではかなり使いやすい部類だろうと思います。一番大きな反省事項としては、ひらがなやカタカナの導入時期の時間の使い方、授業計画の立て方がわかりにくいということが挙げられます。これは、試用版を使っていた環境（会話と読み書きの時間は分かれていたのですが、ひらがなとカタカナの導入は会話の時間に行われていました）に合わせて作ったために、汎用性を損ねる結果になってしまったということなのですが、作る人たち自身の実践ともっと広い場での使用への配慮の間のバランスは、やってみると、けっこう難しい問題だと思います。

　質問の最後の部分は「理想の日本語教師像とはどのようなものか」ということでした。あえて教科書というトピックに絡めて考えると、理想の教師とは、教科書もなく、コピー機も使えない、ひょっとしたら黒板もないようなところでも、学習者の心をとらえて授業ができる人だろうと思います。しかし、そういう人はめったにいませんし、仮にそういう人だったとしても、担当する授業数が多すぎたら準備が追いつかないはずです。だから、少しでも理想に近い授業がしやすくなるように、教科書が作られてきたのだと思います。『げんき』も、授業の流れのレールを敷くことや教師の準備の負担を軽減することを通じて、それぞれの教師が少しでも理想に近い形で教えることができるようにするということを考えて作りました。

『できる日本語』
7つの質問

嶋田和子

質問1 ＜環境＞
　教室で学習者が教科書を使って学ぶ日本語と、教室の外の日本語との関係について、どうあるべきだと考えていますか。教科書の内容と、教室の外の日本語との関係をどのように捉えていますか。

　教科書の日本語は、できるだけ外の日本語を反映したものであるべきだと考えます。『できる日本語』作成にあたっても、不純物を取り除いた蒸留水のような日本語ではなく、自然な日本語、つまり真正性 (authenticity) を考慮しました。初級1課から終助詞やフィラーなども自然な形で扱っています。テーマや場面・状況に関しても実生活との関係性を重視し、また人・社会と「つながる」力を養うことができるよう配慮しました。

　一つ例を挙げてみましょう。「〜なければなりません」の提示は、ルール・習慣としての「〜なければなりません」を先に出し、個人的な義務感は後に回しました。それは、そもそも初級前半レベルにおいて「〜なければなりません」を学習する必要性は高くありませんが、取り扱うとしたら、ルール・習慣について言う状況のほうがより必然性が高いと考えたからです。

　ルール・習慣の場面・状況としては、車の中でシートベルトをしていない友人に気づいてアドバイスをしているものにしました。

　　ナタポン：すみません、ほしの美術館までお願いします。
　　　運転手：はい。
　　　　パク：あ、ナタポンさん、シートベルト。
　　ナタポン：えっ？

パク：後ろの人もシートベルトをしなければなりませんよ。
　　ナタポン：あ、そうなんですか。知りませんでした。
　　　　　　　　　　　　　　（『できる日本語 初級』14課, p.242）

　パクさんの発話に見られる発見の「あ」と終助詞「よ」、ナタポンさんの「あっ、そうなんですか。知りませんでした。」という発話に注目してください。これが、『できる日本語』がめざした真正性です。実際の会話では、「シートベルトを」の助詞「を」が落ちるケースが多いですが、初級前半というレベルであることから、この形になっています。また、この会話は「異なる文化の中で楽しく生活するために、習慣・文化・ルールを知り、自分の意見を簡単に言うことができる」という行動目標に向けて14課で取り上げている会話であるということを付け加えておきます。
　また、レベルが上がるにつれ、より自然な会話になっています。場面・状況によって「敬語を使用する」「丁寧体で話す」「くだけた言い方で話す」というように使い分けています。次の3人の会話を見てください。

　　ロハン：パクさん、今、お客さんが少ないから、一緒に昼ご飯食べない？
　　パク：いいね。食べよう。
　　ロハン：チンさんも一緒にどう？
　　チン：あ、すみません。私はこのお皿を洗ってしまいますから、お先にどうぞ。
　　　　　　　　　　　　　　（『できる日本語 初中級』9課, p.127）

　ロハンさんとパクさんは、以前から同じアルバイト先で働いていますが、チンさんは入ったばかりのアルバイト店員です。この課には、先輩になったパクさんがチンさんに店のルールを教えたり、同じ店で働いている人同士で話したりしている場面がいろいろ出てきます。こうした「先輩・後輩」という人間関係を反映して、スピーチスタイルも変えてあります。
　また、上述したやり取りだけではなく、「自分のこと・自分の考えを語る

こと」を初級スタート時から重視し、学習者の頭の中にたくさんのテーマについての「引き出し」を作ることをめざしました。まだ日本語学習を始めたばかりの初級1課から、1文や2文でのやり取りだけではなく、いくつもの文を連ねてテーマで話すことを意識しました。「ある程度の長さで自分のことや自分の考えを伝えることができる」ことを初級の最初の段階から意識して学習することによって、レベルが上がるにつれて段落でしっかり考えを伝える力を身につけることができます。具体的には、初級・初中級の各課にある［話読聞書］、中級の各課にある［伝えてみよう］がその役割を果たしています。

質問2　＜弱み＞
自分の教科書の弱みは何であると考えていますか。それをどのように克服することができますか。

『できる日本語』は、場面・トピックシラバスと文法シラバスの融合をめざして作られました。文法に関しては、［言ってみよう］（別冊＆本冊）、巻末にあるポイント一覧（その課の学習項目や例文）を見れば、学習項目が何であるかを知ることができます。教師用としては、巻末に詳しいシラバス一覧も付いています。また、『できる日本語 わたしの文法ノート』では、ホップ（単文型）→ステップ（文型をミックスして提示）→ジャンプ（できることに注目）と、段階を経て学習項目が練習できるようになっています。

しかし、「はじめに文型ありき」の教科書に慣れた先生たちから、「文法が見えにくい。隠れているのでわかりにくい」「それぞれの課の後ろのページに『ポイント一覧』があれば、学習者ももっと勉強しやすいのに……」という悩みを訴えられることは、ある意味弱みであるかもしれません。しかし、これまで学習者からこうした問題点を指摘されることはありませんでしたし、著者陣からも、授業において学習者からこうした問題点を指摘されることはなかったと聞いています。作成する過程においても、「ポイント一覧」をどこに置くかについて、かなり話し合いましたが、最終的に巻末としました。

質問3　<理論>
　　第二言語習得理論や学習理論を教科書に反映させるべきでしょうか。もし反映させるべきであるならば、自分の教科書にどのように反映させていますか。

　教科書は、学習理論などに基づいて作成されることが大切だと考えます。第1部で述べたように『できる日本語』は、OPI(Oral Proficiency Interview)の考え方をベースにして作成されました。『ACTFL-OPI 試験官養成マニュアル 1999』は教室活動に役立つ、示唆に富んだものとなっていますが、具体的にいくつか取り上げてみることとします。

- 相互のやりとりのある、臨機応変で、学習者中心 (p.11)
- 予測できないような事態を教室で組み入れているだろうか。自分で自由に答えを出すような、本当の意味でのタスクをさせる時間を作っているだろうか (p.125)
- 実生活ではストラテジーが使われる。教室でもそのようなストラテジーを練習しているだろうか。(p.125)

　OPI は、口頭能力インタビュー試験であるため、OPI に基づいた教科書というとオーラル面を強調しているように受け取られがちですが、そうではありません。『できる日本語』は、四技能にわたって、OPI の P (Proficiency)である「プロフィシェンシー」を重視した教育をめざしています。牧野 (2008, p.19) は、プロフィシェンシーに関して、1. プロフィシェンシーとは言語学習者の現在の発達のレベル（つまり、熟達度）である、2. プロフィシェンシーは言語の規則を使ってタスクをこなすことができる、3. プロフィシェンシーを判定するためには規則をどう使えたらどのレベルになるかを記述した基準が必要、と述べています。

　「できる日本語」シリーズは日本語学校の実践の中で、何年もかけて第1弾『できる日本語 初級』が生まれました。全体では約 20 人の教師が作成に関わり、自ら実践し、さらに学習者、使用した教師との対話を重ねて創り上げた教科書です。多田 (2006, p.41) は、共創型対話の重要性を述べ、その目

的を「多様な他者と英知を出し合って語り合うことにより、新たな知見や結論などを創生させること、さらにはそのプロセスを共有することにより、多様な人々が互いに創造的な関係を構築していくことにある」としています。『できる日本語』が求めた対話は、多田の唱える「共創型対話」であると言えます。

　また、佐藤(2004, p.63)は、「学びは、新しい世界との出会いと対話の実践(認知的実践)であり、他者との対話の実践(対人的実践)であり、自分自身との対話の実践(自己内的実践)」であると述べています。こうした学習理論も重視し、『できる日本語』は対話力を重視し、つながる力を養うことをめざして作成されました。学習者の自律的な学び、学習者自身の発見、学習者同士の学び合いができる教科書をめざしました。

質問4 ＜将来＞
現在も新しい日本語の教科書が開発されつづけています。日本語教師はこのような現状とどのように対峙することが大切であると考えますか。また、これからの日本語教科書はどのようなものをめざすべきでしょうか。

　これまでに数多くの教科書が作られ、また、今後も出てくると思われますが、それは学習者の多様化を考えれば、好ましいことだと考えます。そこで重要なのは、教師の「教科書を選ぶ力、読み込む力、使う力」です。新しい教科書を選ぶ際には、その教科書が何をめざしているのか、どんな学びが可能なのか、教師が主体的に関われる教科書なのか、といった観点で「選ぶ力」が求められます。

　次に、「読み込む力」ですが、自分が担当する箇所をひたすら見ているだけでは、教科書の全体像は見えてきません。これでは、近視眼的な教材の使い方しかできないことになります。

　「使う力」ですが、教師が主体的、創造的に教科書に向き合うことが重要です。教科書を「すでにそこにあるもの」といった静的な捉え方をするのではなく、学習者に合わせて工夫しながら進めていくことで、よりよい授業展開が可能になります。また、使う際には、教科書だけに頼るのではなく、生

の教材に対して敏感である必要があります。ここにも「選ぶ力、読み込む力、使う力」が求められます。どの教科書であっても、それだけで十分というものはありません。教師が学習者やクラスに合わせて、何らかの味付けをしたり、料理法を変えたりすることが求められます。

　これからの日本語教科書に関してですが、さらに多様化する学習ニーズ、学習スタイルに合わせたものが必要になってきます。そのため、それぞれの分野の専門家との連携・協働によって、効果的に学べる教科書の作成が望まれます。

　一方で、日本語学校等における初級クラスでは、目的別にクラス編成を行うことが難しいケースが多く、これからも汎用性の高い総合教科書が求められると考えます。

　質問5　＜接続＞
　　上級までカバーしていない教科書を使うと、学習の途中で教科書を変えないといけません。教科書は上級まで一貫して作成されるべきではないでしょうか。なぜ、そうなっていないのでしょうか。また、現状、途中で教科書を変える場合、どうしたらよいでしょうか。

「教科書は上級まで一貫して作成されるべきか」という問いには、「本来そうあるべきだ」と回答します。『できる日本語』は初級から上級まで一貫性を持たせるべく全体をデザインした上で作りはじめました。学習者がどのような日本語力を身につけることをめざすのかは実践においても教科書作成においても重要です。

　「なぜそうなっていないのか」という問いに対しては、他の教科書はスタート時点で全体像を描いてから、教科書作成を始めるというやり方ではないからだと考えます。今から20年前に、今は亡き水谷修先生が、「どうしてみんな初級の教科書ばかり作るんだろうねえ。初級を作って、売れたら中級も作る。こんな発想は間違っている。まずは上級から作るべきだ」とおっしゃっていたことが印象に残っています。これは「教科書は、全体をデザインしてから作りはじめることが重要」ということと通じるものだと考えます。

　『できる日本語』は、上述したように全体像を描いてからスタートしまし

たが、出版したのは初級、初中級、中級の三つのレベルです。全体像を描く際に、まずレベルに共通するテーマを設定し、スパイラルに展開していきました。一貫性のある教科書を使用すると、学びにも継続性が生まれます。詳しくはホームページ「できる日本語ひろば[1]」を見てください。

では、なぜ上級を出さなかったのかということですが、1.上級は学習目的によって、必要な場面・状況が多様であること、2.生教材を多用したいが、「生」の賞味期限は短いこと等が理由です。よって、理想を言えば、上級はデジタル教科書ではないかと思っています。教材の差し替えや学習者の選択権に自由度がある点がメリットとして挙げられます。

次に、「途中で教科書を変える場合」について述べることとします。文型や語彙に関して、何を、どのように取り上げているかといったことも大切ですが、それ以上に教科書のコンセプト・特徴などを理解することが重要です。そのために、まずは、教師自身が教科書をしっかり読み込み、何が課題で、それを解決するにはどういう工夫が求められるのかを考える必要があります。また、使用する中級教科書と上級教科書との違いを明確化し、学習者の学びに連続性を持たせるための配慮が求められます。

ここで、『できる日本語 中級』を使っている日本語学校の事例を紹介します。『できる日本語』シリーズには上級がないため、『テーマ別 上級で学ぶ日本語』(研究社)を使っています。使うにあたっては、上級教科書のコンセプト、構成、進め方などについて検討し、『できる日本語』シリーズとの違いを明確化しました。その上で、各課のテーマの「ゴール」をどのように設定するか、具体的にどのように授業を展開していくかについて話し合いました。さらに、これまで学んできたテーマとの関係性も考慮し、実際に使用する際には、1課から順番に15課まで進めるのではなく、課を組み替えて使うことにしました。このように主教材を決めるにあたっては、徹底的に教科書を分析し、自分たちの言語教育観に合った教材使用法を関係する教師たちが編み出しながら使っていくことが重要なのではないでしょうか。

質問6　＜効果＞
　教育効果は、対象者、目的によって異なりますが、例えば、初級の学習者で将来日本の大学に進学するかもしれないという対象者に日本語ネイティブの教師が教えることを想定した場合、効果的な教科書の要件は何でしょうか。また、今後、日本語の教科書が果たす役割は変化するのでしょうか。変化するならば、どのように変化すると考えますか。

　初級レベルにおける主教材は、大学進学希望者であっても就職希望者であっても、基本的には教科書がそれぞれの分野に特化したものでなくてもよいと考えます。例えば、介護分野を希望している学習者であっても、初級クラスでは他の学習目的の学習者と同じ教科書を使用し、基本的な日本語力を身につけることが肝要です。そして、副教材として、介護の場面・状況に沿った会話、読解教材があり、そこで専門語彙を学ぶことができるとよいのではないでしょうか。

　ただ、もし特化した教科書を作成することが可能であるならば、大学進学希望の学習者の場合、初級レベルから場面・状況を「日本の大学での場面」にすることがより効果的であると考えます。それには大学内での学生同士、あるいは教授とのやり取りなど、いわゆるキャンパス・ジャパニーズも含まれます。

　20年ほど前、一般財団法人日本語教育振興協会では、基礎日本語教育研究プロジェクトを立ち上げ、大学で求められる基礎日本語能力とは何かを調査研究しました（筆者もメンバーとして参加）。その結果、大学で求められる基礎日本語能力に関して、1.基本的思考能力、2.能力操作能力、3.自立能力、4.学園情報獲得能力といった四つに分類し、さらに下位項目を記し、日本語学校における大学進学希望者の教育に生かすことを提案しました。

　このように送り出し側の日本語学校等の現場での調査研究を教科書に反映させること、さらには受け入れ側の大学等との連携を図り共同調査研究の結果を反映させた教科書作成をめざすことが重要です。なお、詳しくは日本語教育振興協会のプロジェクト報告書（2000）、および嶋田（2006）を参照してください。

次に、「日本語の教科書の果たす役割の変化」についてですが、インターネットの普及などによって、役割は変化するだろうと思います。実践を通して教師と学習者によって「新しい教材」が生み出されていく可能性もあるのではないでしょうか。「つながり」を重視するという意味では、教科書で学んだことが実生活に直結するだけではなく、インターネットの利用により、さらに多様なつながりのある実践が実現できると言えます。SkypeやZoomなどの使用で学習者同士がつながりやすくなります。こうしたことから、教師も学習者も教科書を絶対視する姿勢が変わってくると思われます。

質問7　＜汎用性＞
　日本語教師は必ずしも教授テクニックに優れた人ばかりではありません。日本語教育機関には常に新人がいます。経験の浅い教師でも使える教科書とはどのようなものでしょうか。また、理想の日本語教師像とはどのようなものでしょうか。

　経験の浅い教師の場合、最初にぶつかる壁の一つに学習項目の導入があります。その学習項目が「どんな場面・状況で使われるのか」を自分自身で常に考え、設定していくのはかなり大変な作業です。よって、「はじめに文型ありき」の教科書より、場面・状況を明確に設定し、そこから入る教科書のほうが経験の浅い先生にはわかりやすく、使いやすいと考えます。それは、「適切な場面・状況」の中での発話であることから、文法項目の説明も簡潔に伝えることができるからなのです。

　「新人の場合は、『はじめに文型ありき』の教科書を使ったほうが教えやすい」という意見がありますが、それは、場面・状況を考えることなく、機械的に文型を教えていく姿勢の場合に多く見られるのではないでしょうか。

　ここで、『できる日本語』を養成講座終了直後から使った経験の浅い教師の声を紹介します。

　　私は養成講座では「はじめに文型ありき」の教科書で習いました。『できる日本語』は、この学校ではじめて使いました。でも、文法も抑えられているし、場面・状況から入るので、学習者にも「ああ、

こういうときに使うんだ」とわかってもらえるので、授業を進めやすいと思いました。
　何より、私のような未経験者でも、導入がとても楽なんです。その分、学習者とのやり取りに目が向けられるので、授業も楽しくやれるんだと思います。

　「理想の日本語教師像」に対する回答として、教科書との関わりという視点から、1.教科書を絶対的なものと考えない、2.学習者に合わせて教科書の使用法を変える、3.自ら教材を作ることを楽しむ、4.常に新しいものに目を向け、授業に取り入れる、以上四つのことを取り上げたいと思います。
　まず「教科書を絶対的なものと考えない」という点ですが、教師の中には教科書至上主義の考え方を持つ人が少なくありません。正しいかどうかだけではなく、適切さにも目を向けることが大切です。
　次に、「学習者に合わせて教科書の使用法を変える」という点ですが、同じ教科書を使う場合でも、ある意味「学習者」「教師」「教科書」の三つはすべて素材であり、それぞれ違えば、料理の仕方も違ってきます。学習者に合わせて臨機応変に使い方が変えられる教師であることが重要ではないでしょうか。
　3点目として「自ら教材を作ることを楽しむ」ことがあります。どの主教材を使うにしても、それを補完する教材が必要になってきます。常にではないにしても、必要な場合には、適切なものが作成できる力を持つことが重要です。理想の教師とは「教材を見る目、使う力、作る力」を持っている教師だと言えます。
　最後に、「常に新しいものに目を向け、授業に取り入れる」という点を挙げておきます。紙媒体の教科書の場合、それは変更することはできません。しかし、使っている教科書をより効果的に、楽しく使うためには、教師による付加情報、新たなアイテムなどが大切であり、それを可能にするのは、探し出す力、教材化する力、授業で生かす力ではないでしょうか。
　私は、青木(2004)の「スリー・ハット人間」を参考にして、よく「スリーハット日本語教師」という例を出しています。一つ目の帽子は「オーナーズ・ハッ

ト」です。どんなときにも、主体的に関わることが大切です。受身の姿勢で仕事に臨むのではなく、自ら考え、よりよい実践をめざす姿勢が大切です。

　二つ目の帽子は、「オンリーワンズ・ハット」です。常に他の人とはひと味違う「自分だけの香り・カラー」が出せる教師をめざしたいものです。独創性こそが、よりよい授業の源です。

　三つ目の帽子は「ネットワーカーズ・ハット」です。日本語教師仲間とのネットワークのみならず、さまざまな分野でのネットワークは、教材選びにもおおいに役立ちます。こうした三つの帽子をかぶり、教科書に向き合いながら教育実践をしていくことで、理想の日本語教師が次々に誕生していくのではないでしょうか。

注

1) http://www.dekirunihongo.jp/　著者を中心とした「できる日本語開発・普及プロジェクト」によって作成・運営されているサイトです。

参考文献

青木匡光(2004)．『EQ型人間が成功する』産能大学出版部．
基礎日本語教育研究プロジェクト(2000)『日本語学校生（就・留学生）のための基礎日本語能力』財団法人日本語教育振興協会．
佐藤学(2004)．『習熟度別指導の何が問題か』岩波書店
嶋田和子(2006)．「日本語学校におけるアカデミック・ジャパニーズ―予備教育の新たな取り組み」門倉正美・筒井洋一・三宅和子編『アカデミック・ジャパニーズの挑戦』pp.55-66，ひつじ書房．
多田孝志(2006)．『対話力を育てる―「共創型対話」が拓く地球時代の考え方と方法』教育出版．
牧野成一(2008)．「OPI、米国スタンダード、CEFRとプロフィシェンシー」鎌田修・嶋田和子・迫田久美子編『プロフィシェンシーを育てる―真の日本語能力をめざして』pp.18-39、凡人社
ACTFL (1999) ACTFL Oral Proficiency Interview Tester Training Manual. ACTFL. 牧野成一監修・日本語OPI研究会翻訳プロジェクトチーム(1999)．『ACTFL-OPI試験官養成用マニュアル』アルク．

教科書

嶋田和子監修 (2011).『できる日本語 初級』アルク.

嶋田和子監修 (2012).『できる日本語 初中級』アルク.

嶋田和子監修 (2013).『できる日本語 中級』アルク.

『A New Approach to Elementary Japanese』

7つの質問

西口光一

質問1 ＜環境＞
　教室で学習者が教科書を使って学ぶ日本語と、教室の外の日本語との関係について、どうあるべきだと考えていますか。教科書の内容と、教室の外の日本語との関係をどのように捉えていますか。

「教室外の日本語」と言うと、普通は実用的コミュニケーションとなります。第1部で論じたように、自己表現の基礎日本語教育では実用的コミュニケーションではなく、むしろ社交的コミュニケーションを教育内容としています。人と人が出会えば、そこではおのずと、それぞれの自身のこと、家族のこと、自分の生活や好きなものや好きなこと、最近の経験やしたいと思っていること、などについてのコミュニケーションが発生します。自己表現の基礎日本語教育ではそのような社交的コミュニケーションを主要な教育内容としていますので、教室で学ぶ日本語と教室の外の日本語はおのずと連続体になります。

質問2 ＜弱み＞
　自分の教科書の弱みは何であると考えていますか。それをどのように克服することができますか。

　自己表現の基礎日本語教育では社交的コミュニケーションの技量を養成することを教育目標としていますので、上で述べたような意味での実用的コミュニケーションの教育の部分は含まれていません。担当のコースで、実用的コミュニケーションの教育もぜひ必要という場合は、そのような部分を追加する必要があります。しかし、それは自己表現活動中心の教育を通して一

定の基盤的な日本語力を身につけてからがいいでしょう。そうでないと、実用的なフレーズやパターンを丸暗記するだけの指導になってしまいます。

　　質問3　＜理論＞
　　第二言語習得理論や学習理論を教科書に反映させるべきでしょうか。もし反映させるべきであるならば、自分の教科書にどのように反映させていますか。

　教育の企画・開発者は当然その企画・開発の背後にある言語習得観や言語習得支援観を明示するべきです。自己表現の基礎日本語教育では、バフチンの対話原理を教育の企画と教材の開発の原理としています。それについては、第1部で論じましたので、そちらをご参照ください。

　一方、自己表現の基礎日本語教育が想定している具体的な教育実践に関する原理については第1部で論じませんでしたので、ここで論じたいと思います。それはヴィゴツキーの発達理論に関係した第二言語習得の議論です。このテーマについては西口（2015）を参照しながら以下で論じたいと思います。

　西口（2015）では、まず、最近接発達の領域（Zone of Proximal Development、ZPD）に言及しています。ZPDの概念は以下のようなものです。

　　　模倣するためには、私ができることから私ができないことへの移行のなんらかの可能性をもたねばならない。…われわれは、こどもは共同のなかでつねに自分一人でやるよりも多くのことをすることができるということを述べた。だが、われわれはつぎのことをつけ足さねばならない。無限に多くのことではなく、かれの発達状態、かれの知的能力により厳密に決定される一定の範囲のみということを。共同のなかでは、子どもは自分一人でする作業のときよりも強力になり、有能になる。かれは、自分が解く知的難問の水準を高く引き上げる。しかし、つねに独力の作業と共同の作業とにおけるかれの知能の相違を決定する一定の厳密に法則的な距離が存在する。
　　　　　　　　　　　　（ヴィゴツキー, 2001, pp.299-300、傍点は筆者）

ここでヴィゴツキーは三つのポイントを指摘しています。

(1) 子どもは模倣を通して知的発達を遂げると見ることができるが、模倣に関連して知的発達を説明するためには、できることからできないことへの移行の可能性が説明されなければならない。
(2) 子どもは何でも共同の中で模倣できるわけではない。その子どもの現在の発達状態や知的能力によって決定される一定の範囲のことのみ模倣できる。
(3) 模倣を通した知的発達が可能となる独力の作業と共同の作業における子どもの知能の相違には、一定の厳密に法則的な距離が存在する。この距離を超えては子どもは模倣をすることができず、ゆえに、模倣を通した知的発達もできない。

この(3)で言及されている「法則的な距離」のことをヴィゴツキーはZPD＝最近接発達の領域と呼んでいるのです。以下もヴィゴツキーからの引用です。

> 学校における教授は、ほとんどが模倣に基づく。まさに学校において子どもは、自分が一人でできることではなく、自分がまだできないこと、しかし教師の協力や教師の指導のもとでは可能なことを学ぶのである。…しかし、子どもの教授は、子どもがすでに学習できることについてのみ可能である。…教授の可能性は、子どもの発達の最近接領域によって決定される。
>
> （ヴィゴツキー、2001, p.302）

そうしたゾーンを構成すること、そしてそのゾーンで巧みな介助のある活動従事（assisted performance）を子どもに行わせることにおいて教授は有効な教授になることができるというのがヴィゴツキーのZPDの見方です。

言語的なリソースを十分に持ち合わせていない第二言語使用者は、さまざまな言語活動で自身の力では十分にはそれを達成することができないという

状況に置かれます。そんな場合に、例えば典型的には対面的な相互行為の場合では、相手がわかりやすい話し方で話してくれたり、わからないという反応をするとやさしく言い替えてくれたり、また、第二言語使用者が言おうとしていることを言い足してくれたり、言い直して確認要求をしてくれたりします。そのような状況を、西口 (2015) では、ZPD になぞらえて、第二言語の最近接発達の領域 (Zone of Proximal Second Language Development、ZPSD) と呼んでいます。

　そのような ZPSD は、第二言語の習得を促進することの一般原理として有効であると思います。しかし、気をつけなければいけないのは、ZPSD は、学習者が話そうとしているときや学習者が書いているときなどの学習者の言語産出活動のみに関わる視点だと見られがちですが、それは違います。上の説明の中で言ったように、わかりやすい話し方で話したり、言い替えたりすることなどが含まれる教師等による話も十分に ZPSD 状況を構成し、言語習得の促進に貢献することができます。その種の状況は Krashen の理解可能な言語入力 (comprehensible input) を提供する状況と類似していると言えます。西口 (2015) では、以下のように ZPSD の議論を結んでいます。

　　　それ (ZPSD) は、巧みな介助のある言語活動従事を通して未成熟なあれこれのことばが成熟していくゾーンである。カリキュラムと具体的な授業のスケジュールは教師がそのようなゾーンを構成できるように立てられなければならない。そして、授業を実践する教師は、学習活動の重要な部分としてそのようなゾーンを構成して、言語活動従事の直中で巧みな介助を提供して学習者における未成熟のことばの成熟を促すように指導しなければならない。そうすることで、第二言語教育の授業は、第二言語発達のアリーナとなり、第二言語発達の培養器となるのである。

　　　　　　　　　　　　　　　　　　　　　　(西口, 2015, pp.146-147)

　自己表現の基礎日本語教育では、専有 (appropriation) による言葉遣いの習得という原理とここで論じた ZPSD の原理は、並立することとなります。

ZPSDと自己表現の基礎日本語教育との詳しい関係については西口（2018）を参照してください。

質問4　＜将来＞
現在も新しい日本語の教科書が開発されつづけています。日本語教師はこのような現状とどのように対峙することが大切であると考えますか。また、これからの日本語教科書はどのようなものをめざすべきでしょうか。

　第1部で論じた通り、また上でも論じたように、教育の企画と教材の開発の背景には第二言語の習得と習得支援に関する一定の理念や原理があるはずです。一方で、どのような相互行為に従事することが第二言語の習得を有効に促進するかについては、第二言語習得研究や対話原理などからさまざまな見解が提示されています。それらの中でどの見解が正しいか、またどのような場合にどの原理が働くかなどを、間違いなく議論することは不可能です。そのような事情ですので、教授者には、第二言語の習得や習得支援に関するさまざまな見解を知って、自身の第二言語習得の経験やさまざまな学習者における習得の状況や教授者としての経験などとも照らし合わせて、第二言語習得の原理に関する専門的な教養を豊かに身につけておくことが期待されます。
　コーディネータという立場に立った場合には、そのような専門的な教養の上で、どの教科書（教育企画とリソース）を選ぶか判断することになります。この判断は、日本語教育の専門家の一人としてきわめて重要な判断です。その判断が、当該のコースで学習する学習者たちの「運命」だけでなく、そのコースで教える先生たちの「運命」も大きく左右するからです。一方で、一教授者としても、上述のような専門的教養が重要です。そのような教養があれば、教科書として与えられた教材を適切に解釈して、その教科書を選択したコーディネータの趣旨も適切に理解して、教材とコーディネータと「うまく付き合う」ことができると思います。ただ、自身の第二言語習得観と、与えられた教科書の背後にある習得観（とそれを選んだコーディネータの習得観）が異なる場合は、非常に困った状況となります。しかし、専門的な教師として

は、その状況にも適切に対応して、できるだけ学習の成果が出せるように教授を実践しなければなりません。また、コーディネータと同僚教師との間では、第二言語習得観を一層深めるべく普段から相互の第二言語習得観を出し合って議論することが、具体的な現場での日本語教育の実践を将来に向けて改善していくために重要でしょう。

「これからの日本語教科書はどのようなものをめざすべきでしょうか」というのは、やはり奇妙な質問です。第1部でも論じたように、重要なのは教育の企画です。そして、教育の企画があった上で、その次に一定の教育実践(学習者自身による学習と教授者に支援された学習の両方を含む)のイメージがあって、その中での学習者自身による学習や教授者に支援された学習(つまり授業)や小テストなどの形成的評価の計画などがあります。そうした中で、さまざまなメディアによるリソース群の一つとして印刷リソースである教科書が制作されるというのが筋だと思います。そのように「筋」を述べた上で、以下、教授者との関係で教科書はどのようなものをめざすべきかについて筆者の考えを述べたいと思います。従来の文型・文法積み上げを柱とした教科書の場合と『NEJ』を対比しながら、筆者の主張も述べたいと思います。

教科書は、(a) 教授者にわかりやすいかどうか、(b) 使いやすいかどうか、(c) 教授者をどれほど拘束するか、(d) 有効で有益な学習リソースや教授リソースになっているか、という四つの側面で一定の評価ができると思います。順次、説明します。

まず、(a) について。日本語の先生はしばしば「わたしはわたしの授業で『何を』教えればいいのですか」という質問をします。自己表現の基礎日本語教育あるいは『NEJ』では、各ユニットで文型・文法事項を主要な教育内容としていませんので、この質問に対して「この文型・文法事項を教えてください」と答えることはできません。ただし、『NEJ』を見ると、副次的な教育内容でありながらもそのユニットの主要文型・文法事項ははっきりわかります。しかし、それを見て、「ああ、わたしの授業ではこの文型・文法事項を教えればいいのですね」と言われると、「そうです」とうなずくことはできません。そのような意味で、基礎(初級)日本語教育では文型・文法事項を教え、習得させることが最も重要であると思っている先生には『NEJ』は「わかりに

くい」教科書と言えます。

　次に、(b)の「使いやすいかどうか」です。やはり日本語の先生の中には「教科書の中に形の練習や使い方の練習などがないとどう授業をしたらいいかわからない」と訴える人がいます。『NEJ』にはそのような練習は用意されていません。しかし、『NEJ』では、指導参考書や西口（2015）などで具体的な授業活動の方法を提案しています。それらを読めば、「どう授業をしたらいいかわからない」という訴えは出てこないと思います。

　次は、(c)の「教授者をどれほど拘束するか」です。従来の文型・文法事項を柱とする教科書は、文型・文法事項の指導と習得を「至上命令」としているように思います。しかし、基礎日本語力発達の経路には、文型・文法事項の習得だけでなく、他のさまざまな要素や要因も関与しており、その指導と習得が要請されます。そのような本来多面的である言語発達に関して文型・文法事項のみを過度に強調するのは適当ではないでしょう。従来の教科書は教授者を文型・文法事項に強く拘束していると思います。一方で、「文型・文法事項をしっかりと指導しないと、教えた気がしない」と感じている先生もいるようですが、その感覚は文型・文法事項の拘束に浸りきった偏狭な感覚だと言わなければなりません。それに対し、自己表現の基礎日本語教育や『NEJ』は、教授者を特定の言語事項や限られた学習課題に拘束することはありません。むしろ、マスターテクストを主要なリソースとして言語心理を育成するような授業を計画・実施し、その中で必要に応じて言語発達のさまざまな側面について指導や手当をしてください、と教授者に要求します。そこでは、教授者の創造的な創意工夫と授業での活動の中での即興的な行為が求められます。

　最後に、(d)の「有効で有益な学習リソースや教授リソースになっているか」です。先にも触れたように、本来教科書というのは、学習者にとっては学習リソースであり、教授者にとっては教育や指導を展開するための教授リソースであるべきです。この考え方は、「教科書は学習内容や学習事項を示すメニューである」という従来の考え方と対比されます。教科書はリソースであるべきだとの観点は、重要なのは教育の企画であるとの主張と直接に関係しています。そして、教授者は教育企画の趣旨をよく理解し解釈して、リソー

スを自在に駆使して、学習を促進し授業という重要な教授活動を展開しなければなりません。

新規の教育企画と教材は教授者にそれまでとは異なる考え方や役割を要求するでしょう。そして、先生たちはしばしば「難しい。よくわからない」と言います。しかし、実際には要請されている考え方や役割が難しいのではなく、発想の転換が難しいだけです。実際のところ、自己表現の基礎日本語教育を実践することは、文型・文法事項中心の教育企画の下で教育実践するよりもはるかに容易だと思います。

質問5　＜接続＞
　　上級までカバーしていない教科書を使うと、学習の途中で教科書を変えないといけません。教科書は上級まで一貫して作成されるべきではないでしょうか。なぜ、そうなっていないのでしょうか。また、現状、途中で教科書を変える場合、どうしたらよいでしょうか。

表現活動の日本語教育については、『NEJ』に続く中級前半の教育として『NIJ：テーマで学ぶ中級日本語』（くろしお出版）がすでに出版されています。

筆者のこれまでの教育企画と教材開発の経験から言うと、学部進学予定留学生や短期留学生および大学院進学予定留学生などを含めて日本語を一般的で総合的に学ぼうとする学習者を対象とした場合には、入門基礎から中級前半までの総合日本語コースを企画して教材を用意することができると思います。つまり、そこまでは、いわば共通総合日本語教育が想定できるということです。それが表現活動の日本語教育です。しかし、中級後半以降になると共通総合日本語教育が想定できるかどうか疑問です。つまり、共通総合日本語教育は中級前半で終了と考えています。

質問6　＜効果＞
　　教育効果は、対象者、目的によって異なりますが、例えば、初級の学習者で将来日本の大学に進学するかもしれないという対象者に日本語ネイティブの教師が教えることを想定した場合、効果的な教科書の要件は何でしょうか。また、今後、日本語の教科書が果たす役割は変化するのでしょうか。変化するならば、どのように変化すると考えますか。

　第1部の議論や、本稿の最初から採っているスタンスですが、「効果的な教科書」というようなことは考えられません。重要なのは教育の企画であり、その企画に基づく教育実践を支援する中核的なリソースが教科書となります。そして、それらがあった上で、具体的に優れた教育実践が実現できるかは具体的な教授者集団の専門教養と実践技量の問題となります。
　この質問については、まず、効果的な教科書の要件や教科書の役割という点について、二つの観点から答えたいと思います。一つは、教授者の教科書依存で、もう一つは、提供するメディアの観点です。
　入門基礎から中級あたりまでの日本語教育はこれまで、選定された教科書をいわば共通の基盤として、複数の教授者が連携して教育実践を担当してきました。そして、教科書は、中級でもそうですが特に基礎（初級）段階の教科書は、教える事項の「目録」の役割を果たしてきました。つまり、教授者は教科書の配当された部分を見て「何を教えればいいか」を知るというような状況が続いてきました。こうした教授者の教科書依存の状況は今後も続くだろうと思われます。しかし、「何を教えればいいか」の見方自体は徐々に変わっていくのではないかと見ています。あるいは、変わっていかなければならないと思います。これまでの伝統的な教科書では「何を教えればいいか」は多くの場合に言語事項、そして主として文型・文法事項として理解されてきました。しかし、コミュニカティブ・アプローチの時代を経た現在、日本語力発達の経路が単なる文型・文法習得の経路であると見る日本語教育者はもはやいないでしょう。文型・文法に語彙を加えたとしても事情は変わりません。第二言語の習得というのは、そのように即物的で直線的には進行しません。もっと、多元的で、複合的で、発達的です。「何を教えればいいか」

という目線で教科書を見たときに、そのような多元的で複合的で発達的な日本語習得の経路が読み取れるのが優れた教科書の重要な要件です。そういう面で教科書は今後「変貌」する必要があると考えます。

　次は、提供するメディアの観点です。第二言語教育あるいは日本語教育においてもICTを活用したリソースの公開や提供の試みが行われ、そうしたことが一層推進される傾向ではあると思います。しかし、提供するメディアが何であれ、教育の企画の重要性と、リソースそのものの質の問題は、引き続き最も重要な課題です。また、ICTの活用においては、対面的なクラス授業との連携などを考えて企画を立案したほうが実際の活用が拡がると思います。

　この質問に関連して、日本語ネイティブ教師ということに関して少し議論したいと思います。ただし、ここに言う「ネイティブ」というのは、日本で生まれ育ち、日本で教育を受けたという意味での「ネイティブ」に限定するわけではなく、自信をもってさまざまな日本語言語活動を運用しそれに従事することができる日本語熟達ユーザーです。ネイティブ教師の強みは、今言ったように、自信をもってさまざまな日本語言語活動を運用しそれに従事することができることです。ですから、ネイティブ教師は、ただ単に教えることに従事するのではなく、自身が積極的なディスコース産出者となって、学習者が興味・関心をもって読むことができるさまざまなテキストを書き下ろすべきです。そして、日本語習得途上にある学習者に「こんなテーマについてはおおむね現在の日本語力でもこのように書くことができるでしょう」と見本を積極的に示すべきです。学習者にはディスコース産出者になることを要求して、自身が先輩日本語ユーザーとしてまったくディスコースを産出しないのは、大げさに言うと卑怯です。学習者の日本語力の発達を願うのであれば、教授者自身が常に範を示すという心構えで、それに基づく積極的な行動が必要だと思います。そして、この点は話すことについても同じことが言えます。

質問7　＜汎用性＞
　日本語教師は必ずしも教授テクニックに優れた人ばかりではありません。日本語教育機関には常に新人がいます。経験の浅い教師でも使える教科書とはどのようなものでしょうか。また、理想の日本語教師像とはどのようなものでしょうか。

　第1部でも論じたことですが、教授者による授業に大きく依存する教育企画や教科書はあまり優れたものではないと思います。授業に大きく依存した教育企画では、個々の授業を日本語習得を前進させるための欠かすことのできないコマとするわけです。そのような状況では教授技量が未熟な教師が授業担当をすると、その授業のせいで教育がいわば「崩壊」してしまいます。そのような授業依存の教育企画ではなく、むしろ、教育の企画が示す日本語習得の経路を学習者が知ることができて、学習者が教科書を重要なリソースとして活用することでかなりの程度自力で学習を進めることができて、その上で教授者のサポートを得ることで一層有効で効果的に日本語習得を展開できるというような教育企画と教科書が優れていると思います。そして、このようにすれば、まだ教育経験が浅いあるいは教育経験がない教授者が教師集団の一員になっても、教育が大きく揺らぐことはありません。言うまでもなく、自己表現の基礎日本語教育はそのような教育企画であり、『NEJ』はその教育実践を支援する教材となっています。
　そして、自己表現の基礎日本語教育の実践ではどのように自己表現活動を刺激し促進して学習者各自が自身の声を獲得できるようにするかという面で新人教師といえども教師集団の一メンバーとしてアイディアを提案し、教師チームに貢献することができます。また、表現活動のためのメディアの活用の面で活躍できる新人教師もいるでしょう。このように教師チームの中で各自の強みや持ち味をそれぞれに発揮して協働して教育実践に携わることで、チームとして優れた教育実践を創造することができるでしょう。また、そうした相互に貢献するチーム実践を通して教師間の信頼関係も深まり、相互学習や相互研修もおのずと進むでしょう。職場内での相互研修、そして職場外での研修や自己研鑽を通して発展を続けてこそ優れた教師が育ち、日本語教育全体の教育的ポテンシャルも高まるのだと思います。

参考文献

西口光一(2015).『対話原理と第二言語の習得と教育 ― 第二言語教育におけるバフチン的アプローチ』くろしお出版.

西口光一(2018).「学習言語事項からの解放と自己表現活動への移行は何を意味するか ― 自己表現活動中心の基礎日本語教育とKrashenの入力仮説」『多文化社会と留学生交流』第22号 [https://doi.org/10.18910/67908]

西口光一(2018).『NIJ:テーマで学ぶ中級日本語』くろしお出版.

ヴィゴツキー, L. S.、柴田義松訳（2001）『思考と言語』新読書社

Krashen, S. (1985) *The Input Hypothesis: Issues and Implications*. London: Longman.

『まるごと 日本のことばと文化』

7つの質問

八田直美

質問1 ＜環境＞
教室で学習者が教科書を使って学ぶ日本語と、教室の外の日本語との関係について、どうあるべきだと考えていますか。教科書の内容と、教室の外の日本語との関係をどのように捉えていますか。

『まるごと 日本のことばと文化』(『まるごと』) では、教室が教室の外でのコミュニケーションの準備、練習の場であると同時に、教室での学習者同士のやり取りも、教室の外で行われるような本当のコミュニケーションになるべきだと考えています。

『まるごと』の開発理念は、「相互理解のための日本語教育」です。『まるごと』では、海外の成人学習者がもし身近に日本人がいたらその人と行うであろうコミュニケーションを学習目標 (Can-do) として選びました。それは、お互いを知り、理解し合う交流活動や、小さな助け合い、共同作業などの形になっています。そして、教室の学習者同士も同じように学習目標を達成するための練習を通して、お互いの理解を深めることができると考えます。

『まるごと』が考える、相互理解の具体的な例を紹介します。

『まるごと』に見る相互理解の例

例 (1)
A：コーヒー、のみますか。
B：はい、おねがいします。
A：はい、どうぞ。
B：すみません。
　　　　　　　　（「入門 A1」＜かつどう＞[1] 15 課「なにが　すきですか」）

例 (2)
A：しゅみは　なんですか。
B：スポーツです。
A：どんな　スポーツが　すきですか。
B：やきゅうが　すきです。
A：わたしもです。
　　　　　　　　（「入門 A1」＜かつどう＞ 11 課「しゅみは　なんですか」）

　上記は、ビュッフェやパーティーなどで飲み物を勧めたり勧めを受けたりすること、自己紹介で趣味について話すことを学習目標 (Can-do) にした課のモデル会話です。例 (1) のように、動詞の基本的な形で相手の意思を確認し、そこから飲み物の提供を申し出る行為につなげます。例 (2) の「わたしもです」は簡単な一言ですが、相手と共通点があることを伝えて、心的距離を縮める働きがあります。こうした一言がコミュニケーションの達成を確認し、話してよかった、目の前の人との関係ができたという気持ちにつながると考えています。『まるごと』は、このような会話をグループで、または相手を変えて何度も行う練習を通して、教室外の準備というだけでなく、クラスメートとの人間関係ができていくことも実感できるようデザインしています。

　また、授業で『まるごと』を使うときも、言語的なリソースとして内容を理解したり、モデルとするにとどまらず、登場人物と同じような経験があるか、どの人に共感するか等、登場人物を実在するかもしれない人として見ること、学習者自身に引きつけて考えることができる内容を提供することをめ

ざしました。

　さらに、『まるごと』が考える「教室から教室外へ」は、日本語とともに、日本や日本文化に触れることも含んでいます。第1部でも述べたように、『まるごと』は学習の自己管理のツールとして、ポートフォリオの活用を勧めています。ポートフォリオの中に「言語と文化の体験の記録」を入れるようになっています。海外でも日本製品や日本食のレストランが増えたり、インターネットを通じて日本の情報の入手が容易になった昨今、海外で『まるごと』を利用している教師たちの報告の中には、学習者が教室外でさまざまな日本語や日本文化に触れ、その体験を教室で共有したものがいくつもあります。教室の外で自主的に学ぶことや、それを記録したり、他の学習者と共有することに慣れていない学習者も見られますが、動機づけを考慮した記入しやすいタスクシートを用意するなど、さまざまな試みも行われています（国際交流基金, 2014, 2015）。

質問2　＜弱み＞
　　自分の教科書の弱みは何であると考えていますか。それをどのように克服することができますか。

　『まるごと』の弱みは、文法・文型を中心にした教え方に慣れている教師にとっては、課題遂行（Can-do）を目標に教える経験が今までになく、教え方がよくわからないと言われることです。また、課題遂行を目標に教えてみたら、学習者が詳しい文法説明や文型の練習を求めてきて、どう対応したらいいのかという教師の声も聞かれます。こうした疑問や現場への対応は、質問7で述べる公式ポータルサイトからの情報発信で補おうとしています。

　第1部でも述べたように、『まるごと』の学習目標はコミュニケーション上の課題達成（Can-do）で示され、文型はCan-do達成の手段という位置づけです。したがって、文型は、会話の中で必要な意味がわかれば十分だと考えています（来嶋, 2015）。

　海外で『まるごと』を使用した事例報告（国際交流基金, 2014, 2015）では、文法・文型中心の教育に慣れていた教師の戸惑いとその後の変化が見られます。『まるごと』を使って教えることで、「教師が先に説明するのではなく、

受講生が音声を聞いて気づくまで待つことが大切だということがわかってきた。受講生が自分で気づいたことは記憶に残りやすいし、積極的な学習態度を呼び起こす大事なプロセスだとわかった。そして、次第に、以前と違った授業ができるようになった。『まるごと』を教えているうちに、教師は教室の中ではサポートする立場であるということが意識できるようになった。」（カンバラエヴァ、2014, p.81）と、役割の変化を実感したという教師の振りかえり、学習者を観察していて発見した相互学習や主体的な学習の報告（エフィ、2014）など、現場は違っても共有できること、参考になることが多いでしょう。

　また、『まるごと』は国際交流基金のJF日本語教育スタンダード（JFS）に準拠していますが、国際交流基金と日本国際教育支援協会が世界各地で実施している日本語能力試験（JLPT）とは対応していません。JFSとJLPTは開発の経緯や趣旨が異なります。世界中の学習者を一つの基準（テスト）で評価することで学習の成果を確認することをめざした、大規模試験のJLPTと、多様な学習者・多様な学習環境に対応できる、個々の現場での教育のデザインを可能にするツールとしてのJFSは、対立するものではなく相互補完的な存在だと言えます。そのJFSに準拠して、話す、書くといった産出も含めたコミュニケーション能力の養成をめざして開発されたのが『まるごと』です。JLPTとの関係は、日本語学習上の目安として、表1の通りとしています。また国際交流基金（2017）では、JFSとJLPTの連関調査の結果を報告しています。

表1：『まるごと』の学習と日本語能力試験受験時期の目安

『まるごと』	日本語能力試験
「入門 A1」、「初級 1 A2」終了	N5
「初級 2 A2」、「初中級 A2/B1」終了	N4
「中級 1 B1」、「中級 2 B1」終了	N3

質問3 ＜理論＞
　第二言語習得理論や学習理論を教科書に反映させるべきでしょうか。もし反映させるべきであるならば、自分の教科書にどのように反映させていますか。

　『まるごと』は、日本ではコミュニカティブ・アプローチの名でも知られるコミュニケーションをめざした言語教育（CLT：Communicative Language Teaching）の考え方を採用しています。CLT の言語学習理論は、次のようにまとめられます。

- 実際のコミュニケーションに関与する活動が言語学習を促進する。
- 意味のあるタスクのために言語が使用される活動は、言語学習を促進する。
- 学習者にとって意味のある言語使用が言語学習過程を支える。

（Richards & Rodgers, 2001, p.161）

　これに沿って近年、第二言語習得（SLA）研究の知見が蓄積され、『まるごと』もこうして明らかになった、以下の SLA の認知プロセスに基づいて学習をデザインしました。

- アウトプット（言語の産出活動）のためには、インプット（言語情報の受容）が必須である。
- 文脈や背景知識を使ってインプットの理解を促進することが重要である。
- アウトプットの機会も必須である。

（来嶋他, 2014, p.119）

　『まるごと』は、レベル（巻）や焦点を当てる技能によって構成が少しずつ異なっていますが、表 2 に「初級 1・2 A2」のコミュニケーション活動の達成を目標とした＜かつどう＞と「中級 1・2 B1」の会話学習のパートを例に、SLA の認知プロセスに配慮した学習の流れを示しました（来嶋他, 2014; 藤長・磯村, 2018）。

表2：SLAの認知プロセスに配慮した『まるごと』の学習の流れの例

『まるごと』学習の流れ	「初級1・2 A2」〈かつどう〉	「中級1・2 B1」Part 2 会話する
導入：学習目標、トピック、語彙の提示	・とびら(トピックと学習目標Can-doの紹介) ・「聞いて言いましょう」(トピックに必要な語彙導入)	・学習目標(Can-do)を確認し、話す内容について自分の経験を思い出す。
インプット：内容理解、意味と言語形式の関連づけ	・「聞きましょう」(音声インプット、Can-doのモデル) ・「発見しましょう」(言語形式の気づき)	・モデル会話を聞いて内容を理解する。 ・Can-doを達成するために必要なことばの形式に注目する(気づき)。
言語形式の練習	・「ペアで話しましょう」(リピートやモデルの音読、シャドーイングなどで練習、その後、自分の内容で話す。)	・「会話に役立つ文法・文型」会話で取り上げたことば(文型や表現)の練習 ・「話すためのストラテジー」 ・「発音」の練習
アウトプット：産出		・「ロールプレイ」Can-doを達成する会話を実際にやってみる。

質問4 ＜将来＞
　現在も新しい日本語の教科書が開発されつづけています。日本語教師はこのような現状とどのように対峙することが大切であると考えますか。また、これからの日本語教科書はどのようなものをめざすべきでしょうか。

　学習者、教育や学習を取り巻く社会の変化(第二言語習得研究の発展や、学習者のニーズの多様化、ICTなどツールの変化、国際社会における外国語教育の位置づけや意義づけの変化)など、日本語教育の形を決めるさまざ

まな要素は今後も変化していくと思われます。それに合わせて、教科書も新しいものが開発されていき、将来は印刷媒体以外の形式が主流になっていくかもしれません。

　内容や形式が新しいからといって、自分の学習者や自身にとって最適とは限らず、どんな学習者に教えるのか、どんな日本語教育をめざすのかによって、しっかりと選ぶ必要があると思います。教科書作成側も、内容として何を取り入れたか、方法としてどのように学ぶことを推奨するのか、それはなぜかという説明が求められるでしょう。これからの教科書は、表3のような、制作者の理念を提示したものになっていくとよいと思います。また、教師自身も、教師として同様に自身のめざす教育を考え、学習者に合った教科書を選ぶとよいのではないでしょうか。

表3：作る教材を明確にするための13の質問

言語学習の目的	①言語教育の社会的役割は何か。 ②言語教育の目的は何か。
コミュニケーション能力	③コミュニケーション能力とは、どのような能力か。 ④コミュニケーション能力を育成するために、どのように教える方法があると考えるか。その背景には、どのような理論があるか。 ⑤コミュニケーション能力のレベルをどのように考えるか。
学習の評価	⑥教材を終了した学習者に対して、どのような学習の評価を行うか。 ⑦評価の目的は何か。 ⑧評価はだれがするか。
文化の学習	⑨文化を学ぶ目的は何か。 ⑩文化の学習とコミュニケーション能力は、どのような関係だと考えるか。 ⑪文化の学習では、何を教えるか。 ⑫どのように文化を教えるか。 ⑬文化の学習について、どのような評価を行うか。

国際交流基金 (2008, p.20) より

質問5　＜接続＞
　　　上級までカバーしていない教科書を使うと、学習の途中で教科書を変えないといけません。教科書は上級まで一貫して作成されるべきではないでしょうか。なぜ、そうなっていないのでしょうか。また、現状、途中で教科書を変える場合、どうしたらよいでしょうか。

　『まるごと』は、いわゆるゼロレベル「入門（A1）」から「中級2（B1）」までの6レベル、9冊のシリーズとして開発されました。中級から先の、B2以上のレベルを作成しなかった理由として、『まるごと』が想定する海外の成人学習者の中でこのレベルの学習者は多くないこと、また、学習目標や興味・関心が個別的な場合が多いため、ある程度共通したシラバスを設計することが難しいこと、初・中級に比べオーセンティックな素材の入手・利用が困難な上、その有効期間が短く、使用条件に制限の多いことなどが挙げられます。さらに、高いレベルの課題遂行（Can-do）の学習目標とそれを支える言語項目の研究など、上級の日本語教育に関する研究や実践の蓄積がまだ十分とは言えないこともあります。

　『まるごと』で中級まで教えた教師が、『まるごと』の考え方を継承してさらに上のレベルのコースを自分でデザインする場合、JFSのサイトを通してB2レベルの理解を深め、既存の上級教科書を使って教えるとよいと思います。教師が生教材をもとに自作するなら、「みんなの教材サイト」に公開されているJFS B2教材が参考になるでしょう。

　同様に、下のレベルにおいて、他の教科書から『まるごと』に移る場合、教える教師には、『まるごと』の巻頭部分や公式ポータルサイトを読んで、今までの教科書との違いを教師自身が理解するだけでなく、学習者にも伝えてほしいと思います。何より、なぜ教科書を変えるのか、教科書を変えることで今あるどんな問題が解決するのか、自覚することが必要だと思います。

質問6　<効果>
　　教育効果は、対象者、目的によって異なりますが、例えば、初級の学習者で将来日本の大学に進学するかもしれないという対象者に日本語ネイティブの教師が教えることを想定した場合、効果的な教科書の要件は何でしょうか。また、今後、日本語の教科書が果たす役割は変化するのでしょうか。変化するならば、どのように変化すると考えますか。

　この質問の想定は、『まるごと』の対象者、学習環境とは異なっているので、『まるごと』の言語や言語学習、教科書や教師の役割についての考え方を応用して、答えてみます。

　現在、初級で、将来日本の大学に進学するかもしれないという対象者のニーズは、大学の入学選考に合格することと、大学での学習を可能にする能力をつけることの二つが考えられます。この質問には「日本語ネイティブの教師が教える」とあるので、日本にある日本語学校や留学生別科などで実施されている、1年前後の進学コースが想定されているのかもしれません。

　入学選考のためには、志望動機の作文を書くこと、日本語能力試験 (JLPT) に合格すること、大学個別の入学試験 (面接がある場合は、面接も含め) で高い成績がとれるよう準備が必要でしょう。また、合格後に備えて、授業も含めた大学生活、日本での社会生活を円滑に行うための能力の獲得も目標となるでしょう。希望する大学や専門の違いを超えて求められるのは、学習の場で、自ら目標を明確にして学習を進めていく自律的な学習能力と、学習の場、生活の場を問わず、日本人や他の国から来た留学生などとも良好な関係を築く異文化理解能力であると考えられます。

　『まるごと』を含めて、初級教科書で提示されている文型や語彙にはそれほど大きな違いはありません。違うのは学習者がどう学ぶかというデザインだと思います。『まるごと』は、日本語でのコミュニケーション、つまり課題遂行 (Can-do) のための能力をつけることを目標とし、日本語学習において自律的な学習態度を養い、文化に対する寛容性にも配慮しています。これは、質問に想定されている学習者に対して使用される教科書にも、望まれる考え方だと思います。

教科書の役割は、学習者にとって必要な言語リソース（内容）と、その学び方（学習方法）の提供だと思います。教科書の対象者や形態が変わっても、この役割は変わらないと考えています。

質問7　＜汎用性＞
　日本語教師は必ずしも教授テクニックに優れた人ばかりではありません。日本語教育機関には常に新人がいます。経験の浅い教師でも使える教科書とはどのようなものでしょうか。また、理想の日本語教師像とはどのようなものでしょうか。

　『まるごと』が、最初から順に使っていけば目標から評価までのコースが実現できる「コースブック」の形をとっていることは、経験の浅い教師でも使いやすいことをめざしたためです。また、一般的に教科書制作者は、経験の浅い教師に限らず、その教科書を使う教師がそれ以前に使っていた他の教科書の教育・学習に関する考え方に慣れ親しんでいることを考えて、自分たちの教科書の「自己紹介」を丁寧にする必要があると思います。『まるごと』では、他の教科書同様、巻頭に日本語と英語で教師と学習者に『まるごと』を使った教育・学習がどのようなものか紹介しています。また、公式ポータルサイトを通して、表4のような情報やリソース、資料を提供しています。

表4：『まるごと』公式ポータルサイトの概要

1.『まるごと』って？	開発理念、背景とした理論、対象とする学習者、シリーズの全体像など
2. 教材ダウンロード	(1) 音声ファイル (2) 自己評価や学習記録シート＊ (3) 語彙インデックス＊ (4) 書くタスクや作文シート 　　　　　　　　＊英語など多言語対応あり
3. まるごとeラーニング	教室外学習のために補助的に使えるeラーニングサイトのほか、『まるごと』の内容が学べるオンラインコース、語彙学習のサイトや漢字学習のアプリ等

4. 教師用ページ	(1) 教え方のポイント (2) 加工できる形式の語彙インデックスファイル (3) テストや評価方法の例 (4) 紹介動画(海外の教室での授業と解説) (5)『まるごと』に関する論文発表やセミナー資料等

　『まるごと』のように、理念や考え方を明確に示し、かつ教育実践に対しさまざまな支援がある教科書を使うことは、経験の浅い教師にとって、自らの日本語教育を考える機会になると考えます。明確に示された理念や考え方は、自分が持っているものと比較することができますし、さまざまなリソース等の支援は、特に経験が浅い教師の実践を助け、考える余裕を作り出してくれると思います。その上で、目の前の学習者と教科書を観察、分析し、そして教師としての自分の実践と理想をすり合わせ、近づける努力を続けること、また、そのためにその試みを身近な教師と共有していくことが教師としての成長につながるのではないでしょうか。そうした努力や工夫を続けられる教師が理想的な教師像だと考えます。

注
1)　『まるごと』の「入門 A1」から「初級 2 A2」までの三つのレベル(巻)は、＜かつどう＞と＜りかい＞の 2 冊の主教材で構成されている。詳しくは第 1 部を参照。

参考文献と参考サイト
エフィ・ルシアナ(2014).「『まるごと』の授業内外で見られた学習者相互交流と学び―ジャカルタの実際―」『「JF日本語教育スタンダード」準拠コース事例集 2014』https://www.jpf.go.jp/j/project/japanese/education/jf/case/2014/pdf/jf2014_03_01.pdf
カンバラエヴァ・チョルポン(2014).「『まるごと』コースの授業の進め方とその成果」『「JF日本語教育スタンダード」準拠コース事例集 2014』https://www.jpf.go.jp/j/project/japanese/education/jf/case/2014/pdf/jf2014_03_05.pdf
来嶋洋美・柴原智代・八田直美(2014).「『まるごと　日本のことばと文化』におけ

る海外の日本語教育のための試み」『国際交流基金日本語教育紀要』第 10 号, pp.115-129.
来嶋洋美(2015).「『まるごと　日本のことばと文化』ミニ解説」https://www.marugoto.org/assets/docs/teacher/archive/marugoto_mini_commentary_1_2_3.pdf
国際交流基金(2008).『教材開発』、ひつじ書房
国際交流基金(2014).『「JF日本語教育スタンダード」準拠コース事例集 2014』https://www.jpf.go.jp/j/project/japanese/education/jf/case/2014/
国際交流基金(2015).『「JF日本語教育スタンダード」準拠コース事例集 2015』https://www.jpf.go.jp/j/project/japanese/education/jf/case/2015/
国際交流基金　JF日本語教育スタンダードhttp://jfstandard.jp/
国際交流基金　「みんなの教材サイト」http://minnanokyozai.jp/
国際交流基金　(2017).「JF日本語教育スタンダードに基づいた評価と日本語能力試験の合否判定との関係—最終報告書—」http://jfstandard.jp/information/attachements/000268/jfs_jlpt_report2017.pdf
藤長かおる・磯村一弘(2018).「課題遂行を出発点とした学習デザイン—『まるごと　日本のことばと文化』中級(B1)の開発をめぐって—」『国際交流基金日本語教育紀要』第 14 号, pp.67-82.
『まるごと　日本のことばと文化』公式ポータルサイトhttps://www.marugoto.org/
Richards,J.C.・Rodgers,T.S.(2001).Approaches and Methods in Language Teaching. Second Edition., Cambridge University Press.

(掲載したサイトの最終参照日は、すべて 2018 年 2 月 28 日)

第3部：教科書を見る視点

ことばの学習／教育に関する実践の蓄積、研究の進化、社会的な背景の変遷などによって、教科書の見方は変わります。ここでは「複言語主義」をとりあげ、その視点の一例を提供します。

日本語の教科書が紡ぐ未来の日本語教育

第3部　複言語主義から見た日本語の教科書

伊藤秀明

1. はじめに

　本書では、日本語教育の現場で広く使用されている、または近年、注目を浴びている六つの総合教科書『みんなの日本語 初級 第2版』（『みんなの日本語』）、『Situational Functional Japanese』（『SFJ』）、『初級日本語 げんき 第2版』（『げんき』）、『できる日本語』、『NEJ：A New Approach to Elementary Japanese テーマで学ぶ基礎日本語』（『NEJ』）、『まるごと 日本のことばと文化』（『まるごと』））を取り上げました。本書で取り上げた六つの教科書以外にも、多様な学習者の学習ニーズの細分化によって、毎年、多くの教科書が開発・出版されています。

　さらに、日本政府が2018年6月に経済財政運営と改革の基本方針として外国人材の受け入れ拡大を表明したことから、日本に滞在する外国人人口は今後も増加していくことが予想されます。このような状況を踏まえると、外国人人口の増加に比例して、さらにさまざまな日本語の教科書が開発・出版されていくことでしょう。そこで、本章では六つの教科書を通常とは異なる観点から捉えなおしてみたいと思います。

2. 複言語主義

2.1 「複言語主義」から捉える意義

　2001年にCouncil of Europeが発表したCEFRは現在、約40言語に翻訳されています。日本語版が刊行された2004年以降、日本でも、日本語教

育のための『JF日本語教育スタンダード』(JFS)、高等学校の外国語教育のための『外国語学習のめやす』[1]、日本での英語教育のための『CEFR-J』など、CEFRを参考にした評価指標が多数発表されています (程, 2017)。

　CEFRは、「異なる言語間の比較や言語能力の相互承認が可能」(程, 2017, p.39) であることから、CEFRの受容は欧州だけではなく、中国や台湾などのアジアを含んだ世界中で起こっている一つの流れであると言えます (程, 2017)。しかし、日本でのCEFRに対する関心は、語学コースや教材および各種試験のレベルを示す目的での「共通参照レベル」の紹介やその活用に集中しており (程 2017; 福島 2010; 真嶋 2018)、この現状について福島 (2010) は「理念よりも使用方法に関心が集まり、作成者 (引用者補足：Council of Europe) の意図と使用者の関心事に乖離が見られる」(p.35) と述べています。そして、CEFR自体は理論や実践方法に固執するものではない (Council of Europe, 2004, p.8) ため、安易に「共通参照レベル」だけを使用するのではなく、CEFRの枠組みを支える理念「複言語主義」の観点から日本語の教科書を見つめなおすことが必要です。

2.2　「複言語主義」に基づく言語教育

　各教科書の具体的な考察に入る前に、本節で「複言語主義」の概要について一度、振りかえっておきたいと思います。「複言語主義」という概念は「多言語主義」と対比して伝えられることが多いのですが、「多言語主義」とは、一つの地理的領域に複数の言語変種が存在することを指し、言語の多様性を尊重・促進していく姿勢 (福島, 2010)、つまり「言語の社会的側面に着目」(西山, 2010, p.27) しています。一方、「複言語主義」とは、個人の中に複数の言語知識や言語体験があり、それらが状況や相手との関係の中で柔軟に組み合わされ、多様なコミュニケーションを築いていくという考え方です (尾関・川上, 2010)。尾関・川上 (2010) は、このような「複言語主義」に基づく言語教育は「『母語話者』や『母文化保持者』をめざす教育ではなく、さまざまな背景や経験を持つ人が、多様な時代状況に対応して『行動』できる考え方や能力を持つ人を育成する教育」(p.80) であると述べています。また、奥村・櫻井・鈴木 (2016) は複言語能力を高めることで、未知のものに出会った際

もコミュニケーションをコントロールできるようになり、「社会の一員として主体的に生活することが可能になる」(p.21) と述べています。

　地理的制約・時間的制約をあまり受けずに社会生活を行えるようになってきた現在、このような「複言語主義」に基づいて育成される人材こそが「これからの世界」に必要な人材と言えます。しかし、日本語教育ではこの「複言語主義」はどの程度、考慮されてきたのでしょうか。次節以降では、本書で扱った六つの総合教科書を対象に「複言語主義」の概念が各教科書において考慮されてきたのか、または考慮されていないのかを見ていきたいと思います。「複言語主義」の概念を打ち出した CEFR は 2001 年に発表されているので、初版の出版年が 2001 年以前の教科書が「複言語主義」を考慮しているとは考えにくいですが、尾関・川上 (2010) が述べている「複言語主義」に基づく言語教育の実現への志向が各教材の対象とする学習者に見て取れるかという観点で考察を進めていきたいと思います。

3. CEFR発表以前と以後の教科書の考察

　田中 (2016) によると、1950 年から 2015 年までに出版された教材は 2,261 種類あります。本書で取り上げた六つの教科書を含めて、一つひとつの教科書はそれぞれの開発者ら、また開発に関わった方々の知識・努力・工夫の結晶であることはまぎれもない事実です。本節で述べる「複言語主義」の観点からの考察の目的は、この結晶を傷つけようということではありません。むしろ、この結晶を「複言語主義」から捉えなおすことで、これから迎える社会の中で、日本語の教科書が求めていくべき姿というものを浮き彫りにできればと考えています。それは「複言語主義」を掲げている CEFR が理論や実践に固執しない非教条的という立場をとり「シラバス、カリキュラムのガイドライン、試験、教科書、等々の向上のために一般的基盤を与える」(Council of Europe, 2001, p.1) という目的を持っていることにも依拠しています。

3.1　CEFR発表以前と以後の教科書

　本書で取り上げた六つの教科書の初版の出版年は、『みんなの日本語』が1998年[2]、『SFJ』が1991年、『げんき』が1999年、『できる日本語』が2011年、『NEJ』が2012年、『まるごと』が2013年と、2001年を境にしたCEFR発表以前とCEFR発表以後でちょうど3冊ずつに分けることができます[3]。そこで、以下の考察では『みんなの日本語』『SFJ』『げんき』と『できる日本語』『NEJ』『まるごと』の二つに分けて考えたいと思います。

3.2　CEFR発表以前の教科書

　『みんなの日本語』『SFJ』『げんき』はCEFR発表以前に出版された教科書ではありますが「複言語主義」に基づく言語教育の実現への志向を「教材が対象とする学習者像」という観点から考察してみたいと思います。

　まず『みんなの日本語』の対象は「職場、家庭、学校、地域などで日本語によるコミュニケーションを今すぐ必要としている外国人のみなさんです。初級の教材ですが、登場する外国人のみなさんと日本人の交流場面には、できるだけ日本事情と日本人の社会生活・日常生活を反映させるようにしました」(『みんなの日本語』まえがき)と、その対象者を「職場、家庭、学校、地域などで日本語によるコミュニケーションを今すぐ必要としている外国人」としています。この対象者像はさまざまな対象者に対応できるという点で、一見、優れているように見えますが、学習者をひとくくりにすることで学習者を個人として捉えず、学習者の個人的背景も考慮しないことにつながります。そのため「複言語主義」に基づくならば、それぞれの社会的場面の中で、社会的行為者として存在する学習者に焦点を当てていくべきではないかと思います。その上で、日本人の社会生活に固執せずに社会的一場面で学んだことがさらに他の社会的場面でも相乗効果を生み出すという教科書が開発されるのであれば、外国語教育として革新的な教材になるのではないかと思います。

　次に『SFJ』の対象者について、加納は「『SFJ』の作成は、目の前に置かれた課題「日本の大学院で研究するために来日した留学生に、400時間程度の学習時間で、日本での日常生活に必要な口頭のコミュニケーション力をつけ、

その先につながる研究生活を円滑に進められるような基盤を作ること」を達成するためにどのような教育をすべきかを考え、そのための教科書を作る、という必要に迫られてのことでした」(本書, p.16)と述べています。対象者は「日本の大学院で研究するために来日した留学生」つまり、国費留学生と学習者の身分を限定しただけであり、具体的な学習者像を設定しているわけではありません。一方で、英語ができるという言語能力的条件を前提とした国費留学生を対象とすることで、単一言語(=英語)という大きな限界はありますが、翻訳版などではなく、教科書の指示や説明をすべて英語で記載することで、学習者が持っている「英語」という言語の複言語能力を活用しようとしていると前向きに捉えることもできます。しかしその場合も、「英語または他の言語はどのように発話するか、どのような構造になっているか」という学習者の複言語能力を起点にした活動をめざしていかなければ、「複言語主義」を志向した教科書としては十分ではないと思います。他の点として、『SFJ』は「研究生活を円滑に進められるような基盤を作ること」を目的としており、自律的な基盤とも考えられます。これは CEFR の理念の「生涯学習」とつながる考え方です。そして、『SFJ』は開発時から教科書に加えコンピューターを利用した教育を進めています(詳細は西村, 1989 を参照)。Council of Europe. Language Policy Division(2007)でも言語教育活動としてインターネット上のリソースを活用することは積極的に捉えており、コンピューターを利用した言語教育を 1980 年代から構想していた点は、現在の筑波大学の日本語・日本事情遠隔教育拠点につながる先進的な視点であったと思います。

　最後に、『げんき』は対象者を「英語が第一言語である地域出身の大学生」(本書, p.38)としています。「大学生」という学習者の身分で対象を絞っている点、対象者は英語ができるという言語能力的条件を前提として英語で指示や説明を記載しているという点では『SFJ』と共通し、「複言語主義」志向の可能性を含んでいるとも言えますが、やはり十分とは言えません。しかし、「複言語主義」から捉えた場合に、『げんき』のユニークな点を本書で大野が述べています。以下に引用します。

『げんき』の特徴として述べたキャラクター設定やストーリー性についても、残念に思う点があります。中心になったのが女性と男性の間の異性愛の物語なので、性的少数者への配慮が足りなかったと言えるかもしれません。また『げんき』の主な登場人物にアフリカ系アメリカ人がいないことなどにより、人種的な多様性に欠けているという指摘もよく受けます。ただ、あまり気づいてもらえないことなのですが、主人公のメアリーさんは、メキシコと長い国境線で接するアリゾナ州出身の、英語とスペイン語のバイリンガル、つまりラティーナという設定なのです。教育の一部として日本語教育がある以上、そこで使われる教科書は、社会の不公正をただし、よりよい世界を作っていく努力の一端を担うことが期待されているわけですが、『げんき』はその面で十分に力を発揮することはできなかったようです。

(本書, pp.45-46)

　大野は「十分に力を発揮することはできなかった」と述べていますが、これは当時、また現代の日本語の教科書にあっても非常に画期的な視点であると思います。複言語に長けたさまざまな学習者の存在を伝え、またもし、そこでその複言語能力が日本語力向上に貢献する姿を描くことができれば、すべての言語は等価値であるという言語の平等性が理解できる、よりよい世界の構築にさらに貢献できると思います。

3.3　CEFR発表以後の教科書

　CEFR発表以後に出版された『できる日本語』『NEJ』『まるごと』では、いずれもCEFRとの関係性を述べています。『できる日本語』では、「『できる日本語』は、OPIやCEFR（ヨーロッパ言語共通参照枠）をもとにしたプロフィシェンシー（熟達度）重視の教科書です」（本書, p.48）と述べていますし、『NEJ』では教科書本冊に「『NEJ』の内容はCEFRのA2に対応しています」（p.xiv）と記載されています。また、『まるごと』はJFS準拠ですが、JFSはCEFRを参考に作られたものなので、その影響を受けていることになります。しかし、

『できる日本語』の教材本冊には会話能力テストであるOPIだけについて記載されており、教材のレベル対応はOPIを基準に示しています。つまり、「CEFRをもとにした」と述べていたとしても、それは熟達度を重視したという部分だけであり、それはOPIでも同様であることを考えると『できる日本語』とCEFRとの関係性はほとんどないと言えるでしょう。そして、西口では「自己表現活動中心の基礎日本語教育（自己表現の基礎日本語教育）は次項で論じるように、CEFRの記述の特定部分に注目して立案された基礎段階の教育の企画です」（本書, p.58）と述べ、共通参照レベルの全体的な尺度を示した上で、「自己表現の基礎日本語教育は、このようなCEFRの記述に準じる形で、自己表現活動を教育内容として、さまざまなテーマについて産出・解釈・相互行為ができるようになることを主要なねらいとして立案された教育課程です」（本書, p.60）と述べているように、CEFRの「共通参照レベルの記述」に準じ、教育領域を重視しているのがわかります。また、『まるごと』は5点（レベル、課題遂行、トピック、異文化理解、学習の自己管理）を特徴とし、これをJFSとCEFRの共通の考え方としています。しかし、これらは共通参照レベルや理論的背景となる行動中心主義というCEFRの一部であり、複言語主義に立脚しているとは言えないと思います。これは2.1で述べた「CEFRの作成者の意図と使用者の関心事の乖離」が起きている状態であり、CEFRの理念が置きざりにされている状態と言えます。しかし、『まるごと』では日本や学習者の母文化の紹介をトピック、テキスト、イラストを通して、自分の文化がどう見えているのかという「L1およびL2が担っている文化よりも、さらに広い範囲の文化に対する意識を持つ」（Council of Europe, 2004, p.110）という構成を実現しています。ただし、国に対するステレオタイプをどう回避させていくかの議論は必要だと感じます。また『NEJ』では、見開きページで英語での言語的サポートの有無を分けた構成にしています。これは中国語版、ベトナム語版では言語を切り替えており、文章を理解する上で学習者の母語が新たな言語の学びのサポートになっています。しかし、紙媒体の限界があり、母語と学習言語の二言語間での関係性のみとなっています。個人の複言語能力を生かしていくという意味では電子書籍のような形式で複数言語が表示される形式で提供できると、より複言語主義に基づいた教育に近づくのではないかと思います[4]。

4. これからの日本語の教科書

3節では、六つの教科書を「複言語主義」の観点から考察しました。この考察から見えてきた「これからの教科書」のポイントをまとめたいと思います。

- 社会的場面の中で、社会的行為者として存在する学習者に焦点を当てる
- ICTを活用した複数言語による複言語能力の育成
- さまざまな学習者の存在を伝え、複言語能力が日本語力向上に貢献するような登場人物などの検討
- さまざまな文化への文化意識の啓発と国に対するステレオタイプの回避
- 電子書籍など使用者がより複言語能力を発揮しやすくする媒体の利用

このポイントすべてを一つの教科書で実現することは難しいかもしれませんし、このポイントが「複言語主義」に基づいた教科書を制作するための絶対条件でもありません。ただ、新たな教科書制作を行う際に、たびたびこれらのポイントで、新たに制作する教科書が「複言語主義」に基づいているのか、と振りかえってみることで、学習者がすでに持っている言語能力を平等に扱っているかということを考える一助になるのではないかと思います。

5. おわりに

第3部では、六つの教科書をCEFR発表以前と発表以後に分けて「複言語主義」という観点から捉えなおしてみました。本来このような観点は教材という一部分ではなく、教育全体から見るべきものですが、本稿ではそこには至っていません。このような条件付きを前提に行った本稿の考察では、CEFR発表以前の教科書にはICTの活用、さまざまな学習者の存在を伝えようとするなどのユニークな視点が見られ、またCEFR発表以後はCEFR

に準じたと記載されていますが、その活用が共通参照レベルなど CEFR の一部分に集中し、「CEFR の作成者の意図と使用者の関心事の乖離」が起きていました。真嶋（2018）は「CEFR は言語教育・学習を非常に複雑で多面的に捉えているので、（中略）日本では取りつきやすいところから受容してきたと言えるかもしれない」（p.252）と述べています。その意味では、まさにこれからの時代こそが過去の画期的な視点と CEFR の「取りつきやすいところから受容」した教科書をかけ合わせた、新しい日本語教育を生み出す教科書が生まれる時代と言えるのではないでしょうか。しかし、新しい教科書の到来を期待するばかりでは、何も変わりません。この時代を変えていくのは、本書で挙げた六つの教科書の開発者に続く私たちです。ともに努力・工夫の結晶と呼べる新しい時代を創っていきましょう。

注
1) 『外国語学習のめやす』では、CEFRを参考にしたとは直接的に述べていませんが、柴田・根岸（2014）では、言語運用能力指標の表現、パフォーマンス・スタンダードの考え方からも CEFRから一部コンセプトを得ていることが分かると述べています。
2) 『みんなの日本語の』の前身である『新日本語の基礎』の初版は1990年、その前身の『日本語の基礎』は1974年に出版されています。
3) 『みんなの日本語』と『げんき』の第2版はCEFR発表以後に改訂されていますが、大幅な内容の改訂は行っていないため、CEFR発表以前のものとして取り扱います。
4) 複言語主義に基づいた教育の詳細については大山（2016）を参照。

参考文献
大山万容 (2016).『言語への目覚め活動 複言語主義に基づく教授法』くろしお出版.
奥村三菜子・櫻井直子・鈴木裕子 (2016).『日本語教師のためのCEFR』くろしお出版.
尾関史・川上郁雄 (2010).「「移動する子ども」として成長した大学生の複数言語能力に関する語り－自らの言語能力をどう意識し，自己形成するのか」細川英雄・西山教行（編）.『複言語・複文化主義とは何か－ヨーロッパの理念・状況から日本における受容・文脈化へ』pp.80-92. くろしお出版.
柴田隆・根岸徹郎 (2014).「外国語の『学習のめやす』をめぐる一考察」『専修大学外国語教育論集』42, pp.49-63. 専修大学LL研究室.
程遠巍 (2017).『中華世界におけるCEFRの受容と文脈化』ココ出版.
田中祐輔 (2016).「日本語教材目録データベース」吉岡英幸・本田弘之（編）.『日本語教材研究の視点―新しい教材研究論の確立をめざして―』pp.225-226. くろしお出版.

内閣府（2018）.「経済財政運営と改革の基本方針 2018 〜少子高齢化の克服による持続的な成長経路の実現〜」http://www5.cao.go.jp/keizai-shimon/kaigi/cabinet/2018/2018_basicpolicies_ja.pdf（2018年 6 月 17 日アクセス）

西村よしみ（1989）.「伝達能力と言語能力：初級日本語教科書とCAIを中心に」『筑波大学留学生教育センター日本語教育論集』4, pp.93-115. 筑波大学留学生教育センター

西山教行（2010）.「複言語・複文化主義の形成と展開」細川英雄・西山教行（編）.『複言語・複文化主義とは何か－ヨーロッパの理念・状況から日本における受容・文脈化へ』pp.22-34. くろしお出版.

福島青史（2010）.「複言語主義理念の受容とその実態－ハンガリーを例として」細川英雄・西山教行（編）.『複言語・複文化主義とは何か－ヨーロッパの理念・状況から日本における受容・文脈化へ』pp.35-49. くろしお出版.

真嶋潤子（2018）.「CEFRの国内外の日本語教育へのインパクト」泉水浩隆（編）.『ことばを教える・ことばを学ぶ－複言語・複文化・ヨーロッパ言語共通参照枠（CEFR）と言語教育』pp.249-274. 行路社.

Council of Europe（2001）. Common European Framework of Reference for Languages: Learning, Teaching, assesment. Strasbourg.（吉島茂・大橋理枝（訳）.（2004).『外国語教育Ⅱ－外国語の学習、教授、評価のためのヨーロッパ共通参照枠－』朝日出版.）

Council of Europe. Language Policy Division（2007）. De la diversité linguistique à l'éducation plurilingue: Guide pour l'élaboration des politiques linguistiques éducatives en Europe. Strasbourg.（山本冴里（訳）.（2016).『言語の多様性から複言語教育へ－ヨーロッパ言語教育政策策定ガイド』くろしお出版.）

著者一覧

今井新悟

日本語教育活動家。ニューヨーク州立大学でL.Talmyに師事し、指示詞の類型論的研究を行った。Ph.D（Linguistics & Cognitive Science Track）。一般社団法人日本語教育支援協会理事、早稲田大学日本語教育研究センター教授、国立国語研究所客員教授。趣味で認知言語学の研究を行い、気の迷いでコーパス言語学、自動採点テストに手を染め、飯のタネで日本語教育に従事している。目下の関心は、AI Nihongo Sensei の開発と「教えない教え方」の普及活動。

伊藤秀明

筑波大学人文社会系助教。筑波大学人文社会科学研究科博士後期課程修了。博士（国際日本研究）。国際交流基金派遣専門家（ドイツ）、国際交流基金関西国際センターを経て、現職。専門は日本語教育学、日本語教育方法論で主な論文に「拡張・精緻化のための読字能力の能力記述文試案作成 ―CEFR/JFS の言語構造的能力を参考に」『日本語教育 168 号』（日本語教育学会，2017）などがある。近年はテクノロジーを利用した教育や CEFR の読字能力に注目している。

加納千恵子

筑波大学名誉教授（人文社会系）。専門は日本語教育、特に漢字語彙教育の方法や日本語力の評価に関心がある。主な論文・著書に「漢字力診断テストによる日本語力の評価」『ICT ×日本語教育　情報通信技術を利用した日本語教育の理論と実践』（共著，ひつじ書房，2019）、『新版 BASIC KANJI BOOK VOL. 1 & 2』（共著，凡人社，2015）、「文字・語彙の評価」『日本語教育叢書つくる テストを作る』（共著，スリーエーネットワーク，2013）などがある。

名須川典子

中央大学卒業後、新聞記者を経て、インド政府の奨学生としてデリー大学でヒンディー語を習得。その後、ネール大学で社会学修士、博士前期課程を修了後、ニューデリーの海外技術者研修協会（AOTS）で専任日本語教師となる。2002 年にインド・ニューデリーに日本語センターを設立。著書に『Teach Yourself Japanese』『JLPT Made Easy』（Sterling Publications）がある。2018 年、外務大臣表彰受賞。現在、インドからの技能実習生の日本語・文化研修に取り組む。日印の異文化理解教育に注目。

大野裕

立命館大学理工学部教授。上智大学および University of Massachusetts, Amherst で英語学と理論言語学を学んだ後、Amherst College、関西外国語大学、名古屋大学などを経て現職。専門は形式意味論で、数量詞や命題態度などの問題に関心を持っている。チョムスキー『アメリカの「人道的」軍事主義』共訳者。青空文庫の活動に長く関わり、正規表現を用いた文章校正システムのプログラミングなどを手がけてきた。

嶋田和子

アクラス日本語教育研究所代表理事。教師教育、会話教育を専門とし、ACTFL-OPI トレーナーを務める。長くイーストウエスト日本語学校に勤めた後、早稲田大学大学院、清泉女子大学等で教鞭をとる。日本語学校、大学、地域社会等との連携・協働に力を注ぐ。主な論文・著書に「日本語学校における教師研修の課題と可能性」『日本語教育172号』(日本語教育学会, 2019)、『目指せ、日本語教師力アップ！』(ひつじ書房, 2008)、『プロフィシェンシーを育てる』(共著, 凡人社, 2008) 等がある。

西口光一

大阪大学国際教育交流センター教授、同大学院言語文化研究科兼任。言語文化学博士。米加大学連合日本研究センター、ハーバード大学を経て現職。専門は、言語哲学、第二言語教育学。多数の著書・論文と本書で論じた教科書のほかに、『みんなの日本語初級 漢字』(スリーエーネットワーク)、『例文で学ぶ漢字と言葉N2』(同前)、『Perfect Master Kanji N2』(凡人社)、『基礎日本語文法教本』(アルク) など。哲学・思想に関心を寄せ、フッサール、ハイデガー、メルロ＝ポンティなどを繙読中。

八田直美

国際交流基金日本語国際センター専任講師。国立国語研究所日本語教育長期研修、テンプル大学大学院英語教育研究科修了。国際交流基金よりマレーシアのマラヤ大学、タイのバンコク日本文化センター、インドネシアのジャカルタ日本文化センターに派遣され、タイとインドネシアでは中等教育向け教科書制作にも関わる。現職では日本語教育指導者養成プログラム(政策研究大学院大学と連携)をはじめとする教師研修を担当している。ノンネイティブ教師のビリーフ研究にも関心を持つ。

日本語の教科書がめざすもの

2019年 6月 1日 初版第 1 刷発行

編 著 者	今井新悟, 伊藤秀明
著 者	加納千恵子, 名須川典子, 大野裕, 嶋田和子, 西口光一, 八田直美
発 行	株式会社凡人社
	〒102-0093　東京都千代田区平河町 1-3-13
	TEL：03-3263-3959
カバーデザイン	コミュニケーションアーツ株式会社

ISBN 978-4-89358-963-7　©Shingo Imai, Hideaki Ito, Chieko Kano, Noriko Nasukawa, Yutaka Ohno, Kazuko Shimada, Koichi Nishiguchi, Naomi Hatta, 2019
Printed in Japan

定価はカバーに表示してあります。乱丁本・落丁本はお取り換えいたします。
＊本書の一部あるいは全部について、著作者から文書による承諾を得ずに、いかなる方法においても無断で転載・複写・複製することは法律で固く禁じられています。